都市型经济管理专业大学生科研创新行动（2019）

邬　津　张晓凤　刘笑冰　主编

U0823364

中国财经出版传媒集团
中国财政经济出版社

图书在版编目（CIP）数据

都市型经济管理专业大学生科研创新行动. 2019 / 邬津，张晓凤，刘笑冰主编. -- 北京：中国财政经济出版社，2023.7

ISBN 978－7－5223－2108－0

Ⅰ.①都… Ⅱ.①邬… ②张… ③刘… Ⅲ.①经济管理－科研活动－北京－2019 Ⅳ.①F127.1

中国国家版本馆 CIP 数据核字（2023）第 050651 号

责任编辑：刘薷泾　胡雪滢　　责任印制：张　健
封面设计：王　颖　　责任校对：徐艳丽

都市型经济管理专业大学生科研创新行动（2019）
DUSHIXING JINGJI GUANLI ZHUANYE DAXUESHENG KEYAN CHUANGXIN XINGDONG（2019）

中国财政经济出版社 出版

URL：http：//www.cfeph.cn
E－mail：cfeph@cfeph.cn
（版权所有　翻印必究）
社址：北京市海淀区阜成路甲 28 号　邮政编码：100142
营销中心电话：010－88191522
天猫网店：中国财政经济出版社旗舰店
网址：https：//zgczjjcbs.tmall.com
北京富生印刷厂印刷　各地新华书店经销
成品尺寸：170mm×240mm　16 开　13.25 印张　252 000 字
2023 年 7 月第 1 版　2023 年 7 月北京第 1 次印刷
定价：52.00 元
ISBN 978－7－5223－2108－0
（图书出现印装问题，本社负责调换，电话：010－88190548）
本社质量投诉电话：010－88190744
打击盗版举报热线：010－88191661　QQ：2242791300

编　委　会

主　编： 邬　津　张晓凤　刘笑冰

副主编： 乔　多　吴　曈　王兆洋

委　员（按姓名笔画排序）：

王惠惠　石　林　刘亚钊　刘瑞涵

李　萍　李　嘉　李　媛　李玉红

李瑞芬　李婷婷　张志强　陈　娆

赵连静　倪冬梅　潘恩阳

前　言

为加强学生创新精神和实践能力的培养、提高学生对科研活动的认识，培养科研的兴趣和习惯，锻炼科研技能，鼓励学有余力并对研究工作有兴趣的本科生参加科研训练、根据北京市教育委员会关于实施北京市大学生研究训练项目的部署和安排，北京农学院经济管理学院按照学校的具体要求，以深化教育教学改革和内涵发展为契机，充分调动 2017 级本科大学生参与科学研究的积极性和主动性，在学院内共评比选拔出 4 项校级项目、14 项院级项目、18 个科研行动计划小组，在指导教师的悉心指导和带领下，立足北京，放眼全国，对乡村旅游消费者行为、家禽农业文化遗产现状、城乡居民乳制品消费调研、农业科技企业技术创新及投入、农产品品牌认知以及乡村振兴战略背景下壮大村集体经济的路径等涉农问题进行了研究。科研行动计划小组关注社会热点现象，聚焦“三农”问题，对国家及地方出台的农业相关政策进行解读，深入京郊进行实地考察调研，取得了丰富的第一手调研资料，并运用所学知识对取得的资料进行归纳整理、科学分类，发现存在的问题、分析问题的成因，提出了解决问题的对策思路，书中数据翔实，论证充分。

通过大学生研究训练项目，使学生掌握了实证研究法、系统研究法、调查问卷法、访谈法、归纳法、比较法、图表法等多种调查研究方法；进一步熟悉、巩固了所学专业知识，提高了知识素养；提升了科研水平，掌握了科研论文的写作规范，为今后撰写调研实习报告和毕业论文打下了坚实的基础。

本书是由校内外专家精心评审、修订下选出的优秀论文汇编而成，由于成书时间短、科研水平及专业知识有限，书中如有不当之处，恳请批评指正，以督促我们后续科研项目的完善和学生科研水平的提高。

北京农学院经管学院

2020年11月

目　　录

附　录

第一部分

都市农业产业发展研究

北京市家庭农场发展现状及分析

学 生 姓 名： 宋宗凡　王　怡　林宇森　张子蕴
指导教师姓名： 赵连静

摘　要： 发展家庭农场是推进农业供给侧结构性改革的抓手，是实现“十三五”时期全面建成小康社会目标的着力点，也是现阶段解决“三农”问题的关键点。我国作为农业大国，重点支持家庭农场发展，是解决“三农”问题的有效途径。本文首先分析了北京当前家庭农场的发展现状，其次就调查情况，指出其经营家庭农场的问题，最后分析北京当前家庭农场发展过程中存在的问题，并提出解决问题的建议及措施。

关键词： 家庭农场；发展建议；解决措施

一、绪论

党的十八届三中全会提出“坚持家庭经营在农业中的基础地位，推进家庭经营、集体经营、合作经营、企业经营等农业经营方式创新”。2014 年中央一号文件进一步提出，要以解决好“地怎么种”为导向加快构建新型农业经营体系。引导和扶持家庭农场发展，是推动农业经营方式创新、解决好“地怎么种”的重要途径。为此，必须积极稳妥地引导和扶持家庭农场的发展。

葛敬光（2019）对山东省家庭农场现状进行分析，并就此分析山东省家庭农场存在土地流转困难、生产成本高、人才匮乏等问题，最后针对如何解决这些问题促进山东省家庭农场的发展提出合理化建议[1]。王悠（2019）分析了我国家庭农场发展的意义，也分析了当前我国家庭农场发展现状和存在的问题，并提出相应的发展对策，为我国家庭农场的发展提供了参考性建议[2]。王丽萍（2018）首先分析了吉林省在家庭农场发展上具有的一些优势，其次分析了吉林省发展家庭农场所存在的不足，最后提出了要促进吉林省家庭农场的发展，必须要从完善土地流转机制、培养新型农民、健全社会化服务机制等方面入手[3]。陈学兰（2018）以云县家庭农场入手，分析在家庭农场的发展中存在着农业基础设施缺乏、从业人员知识匮乏、土地流转不规范等问题，并就此针对这些问题提出改进的合理化建议。

二、相关理论

在中国，“家庭农场”一词在2008年首次写入中央文件；2013年，“中央一号文件”进一步把家庭农场明确为新型农业经营主体的重要形式。

家庭农场的概念

家庭农场是指以家庭成员为主要劳动力，从事农业规模化、集约化、商品化生产经营，并以农业收入为家庭主要收入来源的新型农业经营主体。

（一）家庭农场的特征

1. 以家庭成员为主要劳动力

家庭农场仍然以家庭为生产经营单位，主要依靠家庭成员而不是依靠雇工从事生产经营活动，仅在农忙季节可以有少量的季节性雇工。

2. 以农业为主要生产经营主业

家庭农场专门从事农业活动，主要进行种养专业化生产。区别于自给自足的小农户以及从事非农产业为主的兼业农户，家庭农场是以提供商品性农产品为目的开展专业化生产。农业农村部在2013年开展家庭农场调查的通知中提出，农业生产经营收入占家庭收入的比例要达到80%以上。

3. 以适度经营规模为基础

家庭农场的适度规模经营主要体现在两个方面：一是种养规模与家庭成员的劳动生产能力和经营管理能力相适应；二是家庭农场人均收入能接近、达到甚至超过当地的收入水平。

4. 具备法人性质

家庭农场依法经工商注册登记，领取营业执照，取得市场资格。

（二）家庭农场的功能

1. 保障农产品商品化供给

家庭农产品是农产品商品化生产、保障重点农产品供给的主要力量。传统农户大多是自给自足，商品化农产品供应少；专业大户专门从事某一环节专业化经营，农民专业合作社更多的是提供服务；龙头企业主要从事农产品流通和加工，只有家庭农场从事种养业生产。因此保障农产品商品化供给成为家庭农场的首要功能。

2. 转变现代农业发展方式

家庭农场以农业经营为主，有利于资金和科技的投入；推动农业规模化、专业化、科技化发展，有利于转变现代农业发展方式；推动传统农业向现代农业转型。

3. 培养新型职业农民

家庭农场主的培养和成长，有利于农民学习先进的农业知识，掌握现代农业科技知识和管理技能。在很大程度上推动了传统农民向新型职业农民的转变。

三、发展现状

北京山区农业发展受到很多因素制约，包括地形复杂、农业生产条件差异大、传统耕地面积小、产业结构层次较低、现代化技术应用水平低、基础设施建设落后、外来投资少等，造成山区农业的市场竞争力弱，经济效益低，无法形成产自身的“造血功能”等问题。北京山区发展家庭农场既能体现农业的三大功能，又能克服北京山区发展农业的一些不利因素。家庭农场的适度规模经营能适应山区地形复杂、耕地数量有限的特点。

北京山区地形复杂，土地被地形自然分割，树林、果林、耕地等交错分布，家庭农场正好可以根据山区的地形特点采用适度规模经营，克服了山区难以采用机械化大规模生产的劣势，又避免了单户土地经营的不足。

一是家庭农场的多功能性可以增加农业的经济效益，促进产业结构升级。农业非生产性功能开发的目的是延长产业链，提高农业产业的附加值，增加农业的经济效益。农业非生产性功能的开发如市民农园或开心农场，需要为市民的农事体验提供专业指导和配套服务，但聘请人员的技术水平良莠不齐，责任心不强，直接影响市民体验的效果和口碑。在家庭农场，农场主就是这方面的专家，能为体验的市民提供专业化的指导和服务，及时根据市民的需求提供多样化的服务，促进产业结构升级。

二是家庭农场在新技术和设备引进方面更有积极性，有利于实现农业的现代化。家庭农场实现了规模化经营，有利于采用现代化的生产设备，提高劳动生产率。在产品上，家庭农场通过技术创新，打造产品特色，提高产品的经济效益，这些都与家庭成员经济利益紧密相关。因此农场主更愿意引进新的技术和设备，推动农业现代化的实现。

三是家庭农场有利于山区生态保护。随着生态环境的日益恶化和食品安全问题屡禁不止，人们越来越关注农产品质量和卫生安全。家庭农场的生产是以商品交换为目的进行的，不是为了自给自足，如果产品生产过程中出现问题，农场主及家庭成员是经济利益的直接受害者，甚至会对家庭农场产生致命性的打击。因此，农场主会非常重视家庭农场的可持续发展，主动保护山区生态环境。

四、家庭农场存在的问题及对策

（一）存在的问题

1. 对山区家庭农场的内涵认识不清

首先是对山区家庭农场的土地发展规模认识不清，认为山区土地数量少，不能满足家庭农场土地规模数，不适宜发展家庭农场；其次是对家庭农场土地经营范围认识不清，认为山区经济功能的开发大部分都放在平原、丘陵、浅山地区的耕地上，忽略了中山、深山和水源涵养区的经济林、生态林和旅游资源的开发；最后是对家庭农场功能认识不清，只关注家庭农场的生产功能。

2. 耕地分散在家庭联产承包责任制下，家庭土地规模较小

以房山区为例，2013 年农户平均耕地面积仅为 0.83 亩。家庭农场土地的规模化经营，可以通过租赁、承包、转让等形式实现土地的流转，但前提是土地所有权、承包权、经营权认定清楚。目前北京只在平原地区如通州、顺义等区内的某些乡镇进行了土地确权的试点，在山区还未实施。在耕地面积有限的情况下，山区按照户均耕地面积很难形成经营优势。

3. 集体林权确权制度不完善

北京山区林地归集体所有，分为经济林和生态林。虽然经济林在承包、租赁等方面做了一些尝试，但因承包期限短和经营主体不明确，经济效益不高。生态林继续由村集体统一管理，通过聘任护林员等办法管理生态林，生态效益不高。

4. 山区生态农业新技术应用缺少统一规划

生态农业新技术的应用包括高效节水灌溉、高产高效蔬菜栽培技术、生物防控等现代植保防控技术等。

5. 农业质量标准体系建设水平较低

山区农业生产主要是通过“公司＋农户”“合作社＋社员（或农户）”推进质量体系标准建设，公司与公司、合作社与合作社、公司与合作社之间采用的标准不统一，一部分采用国际标准，一些采用国家标准，大部分采用地方或行业标准。在经济落后的山区，农业质量标准体系几乎是缺失的，产品无法打造社会知名度，缺少市场竞争力。

6. 家庭农场人才、资金短缺

在城市工业化发展过程中，农村大量青壮年劳动力外出打工，留在农村务农的基本上都是“老、弱、病、残”人员，2012 年直接从事农业生产的劳动力平均年龄是 53.2 岁。有经验的农民年龄普遍偏大、文化水平低、学习现代农业技术的能力差。一些外出务工者有了一定的资本和经验积累后虽然也想回乡创

业，但因为长时间脱离农业，对农业生产不熟悉，不具备农场主既懂农业生产技术又具有一定的经营管理经验的要求，造成农场主人才匮乏，制约了农场的发展规模和经营效益。山区经济水平整体偏低、农民收入较低、家庭原始积累少，而家庭农场实现规模经营需要土地流转费用、农场建设规划费用以及扩大生产经营费用等，这就使农场主面临巨大的资金缺口。此外，农场主很少有可以抵押的资产，农村的耕地和宅基地都不能作为贷款抵押，经营资金缺口巨大。

（二）解决的措施

1. 出台相应的法律法规

政府部门要积极加强相关法律法规的建设，出台关于土地流转和相关权利的法律法规，让农民做到有法可依，使农民能够了解并明确土地承包权、所有权等权利，从而改变土地流转不规范和土地权属农户的局面。相关法律法规的出台，在一定程度上可以改变农民惜地的意识，通过合法的合同，促进农民土地流转及土地集中，从而促进家庭农场的发展。

2. 出台金融补助政策

2013 年以来，我国已经针对家庭农场开办提供了一些补贴政策。但是这些补助并不能做到帮助农民开办家庭农场。政府仍然需要因地制宜，通过不同的金融措施对家庭农场进行低息、免息贷款，积极拓展农村市场、完善农业基础设施建设、加强补贴政策、促进家庭农场的发展。

3. 培养专业型人才

现在许多地方农业、农村发展都面临着“农无传人”的威胁，素质较好的农村劳动力纷纷转向农村非农产业和城市就业，农业经营者的素质普遍不高。这种趋势不改变，农业经营者的素质得不到有效提高，就不可能建立起适应市场经济发展要求的现代家庭农场。政府要加强对农民的培养，设立专门的培训机构，教授农业专业知识及相关的销售知识和管理知识，培育适应时代要求的新型农民。

4. 完善社会服务体系

政府要完善农村的公共服务设施，在农村的医疗、教育等方面要给予补贴，保证农村人民的基本衣食住行，留住人才。同时，要免费提供各种先进的技术服务，定时推广新技术，促进家庭农场的发展。

本文参考文献

[1] 葛敬光．山东省家庭农场现状及发展对策研究［J］．广西农业机械化，2019（04）：75－76.

［2］王悠．我国家庭农场发展现状与对策［J］．农业工程，2019，9（08）：159－160.

［3］王丽萍．吉林省家庭农场发展现状及对策研究［J］．吉林农业科技学院报，2018，27（01）：47－49，90，119.

［4］陈学兰．浅析家庭农场发展现状、问题及对策研究［J］．农民致富之友，2018（16）：3.

［5］陈军民，李永超．家庭农场经营与管理［M］．北京：中国农业科学技术出版社，2014.

［6］何忠伟，赵海燕，刘芳．家庭农场经营管理学［M］．北京：中国商务出版社，2015.

［7］河北："企业＋合作社＋家庭农场"优势互补合作经营实现"1＋1＋1＞3"［J］．中国农民合作社，2019（07）：11－13.

［8］岳红妮，胥继东．唐山市家庭农场发展现状和典型案例分析［J］．安徽农业科学，2018，46（31）：117－118.

［9］顾小艺．家庭农场发展现状及对策建设［J］．吉林农业，2019（02）：36－38.

［10］项岩喊娃．我国家庭农场发展现状及对策［J］．江西农业，2018（08）：68.

［11］孟路溪．稳步促进家庭农场健康发展［J］．河南农业，2018（28）：6－7.

［12］刘庆添．家庭农场的现状及发展对策［J］．江西农业，2018（12）：92.

北京城市森林公园发展现状调查

——以通州大运河森林公园为例

学 生 姓 名： 李映红　陈美玉　刘宇鹏　肖向鑫

指导教师姓名： 刘笑冰

摘　要： 本文就北京城市森林公园的发展现状进行了基本的调查研究，以比较有代表性的城市森林公园——大运河森林公园为例进行研究，运用了李克特量表法和加权最小二乘法进行分析。基于对游客的调研数据根据，构建计量模型，对其进行实证分析。得出北京城市森林公园的发展现状整体良好的结论。影响北京城市森林公园发展的影响因素主要为：整体景观、基础设施建设和综合服务水平。其中，水质差和生物多样性不足、公共卫生间设置间隔不合理和综合服务水平不高是最大的制约公园发展的最大问题。最后，根据问题提出几点可行的对策及建议，力求帮助大运河森林公园更好发展。

关键词： 北京城市森林公园；现状；最小二乘法；问题及对策

北京作为中国首都，环境压力大，居民游憩空间缺乏，亟须高质量的城市绿地生态系统服务受众人群。就城市森林公园而言，其不仅可以美化景观，维持生态，还能增强人民身心健康。目前，北京立足京津冀协同发展，编制了《北京森林城市发展规划（2018—2035年）》，正全面加快森林城市创建工作。通州区作为城市副中心也为“美丽北京”的建成做出了极大贡献。截至2019年，通州区城市绿心已经完成8000亩绿化主体栽植任务，“一核、两环、三带、五片区”初具规模。“京杭大运河历史文化保护及挖掘利用研究”更是通州区“十三五”规划的重大课题之一。通州大运河森林公园作为运河文化的载体是通州乃至北京重点保护和发展的城市森林公园之一，但是由于建设时间短，北京城市森林公园管理制度和基础设施建设并不完善。北京城市森林公园建设有很多地方还需要改善。

十八、十九世纪城市公园在西方渐渐兴起，其中英国学者埃比尼泽·霍华德（Ebenezer Howard）于1898年间于其书籍《明日的田园城市》中提出了“田园城市”的理论，他对于未来城市的构象，是以城区中心花园为放射形态的构架形态，其还对包括标识系统在内的其他公共社会进行了描述和讨论（刘应潜，2016）。北美城市森林理论的兴起与发展也在世界形成了极大影响，随后英国、日本等发达国家也开始这一理念的相关研究。比如美国学者米勒（Miller）认为城市森林是市民聚居区内及四周所有植被的集合，其范围囊括从市郊小社区到大都市整个区域（Miller RW et al.，2015）。我国学者认为森林公园是具有一定规模和质量的森林风景资源和环境条件，可以开展森林旅游，并按法定程序申报批准的森林地域（陈戈，2001）。城市森林公园是位于城市或离城市不超过一小时经济距离范围内，面积在 2.0 公顷以上，提供与森林生态过程相和谐的休闲、娱乐、健身、游览和体验等活动的公共园林（王英雷，2011）。楚梦天学者认为城市森林环境是城市环境的重要组成部分，以北京市城市森林为研究对象，得出短期森林环境暴露能够明显改善人体心肺及心理健康，包括降低血压、提高肺功能和改善情绪等结论（楚梦天，2020）。

以上学者研究了森林公园的功能和规划，但对于城市森林公园发展制约因素研究不多。所以，本节主要研究影响北京城市森林公园发展的因素，并提出有效可行的解决方案。

一、研究区概况

根据北京市园林绿化局调查，北京市城市森林公园共计 30 个。其中有 15 个属于国家森林公园。在这 30 个城市森林公园中，几乎所有森林公园都具有综合性和多种功能。超过 80%的森林公园以旅游业为发展的主心骨，旅游设施齐全。

通州大运河森林公园，位于北京通州新城北运河，北起北运河源水岛南端，南至六环路，西起滨河西路，东至北运河防洪堤。公园总建设面积 713 公顷，其中水面面积约 2500 亩，绿化面积约 8200 亩。植物景观要服从景观规划理念，秉承“以绿为体，以水为魂，林水相依”总体设计理念，依托“一河、两带、六大景区、十八景点”的整体布局，创造出北京地区独一无二的大尺度滨水空间。

一河是以北运河为中心展开规划，沿岸建有功能各异的码头，作为水上游览的停靠地，便于游人上岸观赏；两岸堤路是交通的路，也是景观的路，堤岸绿化与运河景观互借互动，改变树林单纯、品种单一，融入复层种植、群落种植、混交林的基本概念，利用沿岸景致变化，形成了穿过树林的路、赏花的路；六大景区分布在河道两侧，有潞河桃柳景区、月岛闻莺景区、银枫秋实景区、丛林活力景区、明镇移舟景区、高台平林景区；十八景点多出自历史典故，分布于六大景区之中。此外，公园旁还建有游乐场，是目前通州最大的绿岛乐园。大运河森林公园是北京市唯一一所运河生态天然大氧吧，属于国家 4A 级旅游景区。

二、描述性数据分析

本节主要采用的是现场访问和问卷调查相结合的方法。问卷主要是线上问卷和线下实地的调研。问卷分为两部分：第一部分是对游客样本的统计特征描述；第二部分是游客对森林公园发展现状的满意度调查。预调研在 2019 年 7 月中旬，用时一周发放 15 份问卷，根据预调研发现的问题进行问卷修改。9 月至 10 月用时一个月进行正式调研。本次调研线上线下共发放 178 份问卷，其中，线上 58 份，线下 120 份。剔除 20 份无效问卷，共回收 158 份有效问卷。

参与此次问卷调研的游客男女比例基本协调且参与的游客年龄涵盖了各个阶段，得到的信息也比较全面；年龄组成结构上以 22～45 岁为主要人群，表明来森林公园旅游的游客以中年和青年为主；从学历调查可知，高中或中专及以上的游客超过了 90%，说明这些游客对问卷的辨识度很高，完成质量较高；从来园次数上可知大多游客并非经常到园，多为每月一次或者少于一次的情况，对这类游客的调查可以直观了解游客第一次到访的主观感受。同时也有近 15%的游客为“常客”，通过对这类游客的访问能很好地评价解决方案的可行性；在交通方式选择上可以清晰看出多以绿色出行为主，有少部分为自驾或乘出租车，到园仅需一小时车程内的受访者约占 66%，一定程度上可以表明游客多在附近居住、读书或是工作，但也不能排除是由于北京市公共交通的优惠便捷和道路状况的原因；针对同行者的调查中可知有 80%左右的游客会选择家人和同学或朋友陪同，表明森林公园已成为一个全家出行、朋友聚会的大众选择（见表 1）。

表 1　　游客样本基本情况

项目	基本信息	样本	百分比（%）	项目	基本信息	样本	百分比（%）
性别	男	63	39.81	交通方式	步行	35	22.22
	女	95	60.19		骑行	69	43.52
年龄	22 岁及以下	126	80.56		公交车或地铁	38	24.07
	22～45 岁	22	13.89		自驾	16	10.19
	45～60 岁	7	4.63		出租车	30	19.44
	60 岁及以上	2	0.93		其他	17	15.74
学历	初中及以下	4	2.78	所需时间	半小时以内	66	41.67
	高中或中专	16	10.19		半小时到一小时	45	28.52
	大专	9	5.56		一小时到两小时	18	11.85
	大学本科	126	79.63		两小时以上	4	2.78
	研究生及以上	3	1.85	和谁一起游玩	家人	57	36.11
来园次数	4 次及以上	9	5.56		朋友或同学	69	43.52
	2～3 次	15	9.26		配偶或男女朋友	12	7.41
	一次	28	18.52		自己一人	18	11.11
	少于每月一次	106	66.67		其他	2	1.85

数据来源：问卷调查。

游客的来园目的多样，其中，以康体健身、观赏景观以及调节情绪为目的的游客均高于50%，可见游客对于生理和心理的健康诉求较高，所以森林公园的环境效益显得格外重要；在选择原因上多为居住地近和朋友推荐，大众意义上靠宣传媒体慕名而来的较少，体现出森林公园设置后宣传上的薄弱（见表2）。

表2　　游客对森林公园的整体感知

项目	基本信息	样本	百分比（%）	项目	基本信息	样本	百分比（%）
来园目的	康体健身	54	50	公园问题	生态设施落后	20	18.52
	观赏景观	86	79.63		景观设置不合理	22	20.37
	调节情绪	60	55.56		基础设施建设不到位	45	41.67
	家庭旅行	29	26.85		缺乏科学管理	39	36.11
	团体建设	19	17.59		综合服务水平不高	63	58.33
	工作需要	8	7.41		其他	17	15.74
	参加特色活动	5	4.63	改善方向	景观设置	40	37.04
	风景拍摄	31	28.70		交通条件	50	46.30
选择原因	距离居住地近	49	45.37		旅游安全	19	17.59
	亲戚朋友推荐	38	35.19		卫生状况	42	38.89
	电视手机等网络推荐	14	12.96		餐饮服务	49	45.37
	户外广告	8	7.41		景区服务人员素质	27	25
	其他	34	31.48		游览路线安排	33	30.56
					休息区设置	36	33.33

数据来源：问卷调查。

该森林公园面临综合服务水平不高、基础设施建设不到位、缺乏科学管理问题，占据森林公园问题的前三位，而森林公园的初始职能方面的生态设施、景观设置反映出的问题并不明显，可见一方面森林公园的基础初始职能较为完善，但是维护、管理以及服务等其他职能并不能令人完全满意，可能是由于建设时对于维护、管理以及服务内容规划的缺失；另一方面也可能由于游客物质文化水平提升带来的服务水平需求的提升。根据调查可知，游客希望公园改善的方面主要包括：交通条件、餐饮服务、卫生状况、游览路线安排、休息区设置和景观设置。由此可见，大运河森林公园的建设并不到位，在景观建设、基础设施建设和游客服务等方面还需改进。

三、实证分析

森林公园的发展现状在很大程度上是可以由游客的游览满意度体现出来的，

而游客在游览森林公园时，影响其满意度的因素主要有四点：整体景观、基础设施、娱乐设施、综合服务水平。整体景观的现状直接决定了游客的游玩质量，整体景观丰富多样、景色优美可以在很大程度上提高游客的满意度；基础设施建设是能够保持森林公园正常运行的保证，基础设施健全可以很好地方便游客游玩，为游客的游览解决后顾之忧；而娱乐设施和综合服务水平的高低可以反映景区的服务质量，也可以在一定程度上影响游客对森林林公园的满意度。基于以上理论，我们在问卷中设计了游客对森林公园整体满意度和分别对整体景观、基础设施、娱乐设施、综合服务水平满意度的量表，用1～5分来评价游客的满意度。以游客对公园满意度的评价作为标准来衡量大运河森林公园的发展现状。

（一）模型建立

本次研究以通州大运河森林公园的整体景观、基础设施建设、娱乐设施建设、综合服务水平的满意度为森林公园满意度的影响因素。分别设立自变量：x_1（整体景观的满意度）、x_2（基础设施建设的满意度）、x_3（娱乐设施建设的满意度）、x_4（综合服务水平的满意度）。因变量 Y（森林公园满意度）。运用 Eviews 8 对估计方程进行加权最小二乘法分析。

建立方程为：$Y=\alpha_0+\alpha_1 x_1+\alpha_2 x_2+\alpha_3 x_3+\alpha_4 x_4+\mu$

（二）计量结果解释

最终计量结果如下（见表 3）。

表 3　　OLS 分析最终结果

变量	Coefficient	Std. Error	t-Statistic	Prob.
x_1	0.53361	0.20673	2.561196	0.0118
x_2	−0.567648	0.212933	−2.665852	0.0094
x_4	1.258322	0.311854	4.034877	0.0001

数据来源：Eviews 8。

$$Y=-1.83293119453+0.533609871686x_1-0.56764815168x_2+1.25832185501x_4$$

计量结果分析：

该方程的拟合优度在 30%，拟合效果一般。DW 值为 1.55，距离 2 较近，所以方程不存在一阶自相关情况。F 的统计量为 15.1，表示 F 统计量与自变量总体之间的线性关系显著，且变量的 t 检验全部小于 0.05，满足了在 95%的置信区间下显著。

经济意义分析：

从以上模型分析中可以看出，整体景观、基础设施建设和综合服务水平是影响森林公园发展的重要因素，娱乐设施对森林公园发展的影响不显著。综合服务水平的提高对森林公园发展的变化最大，整体景观和基础设施建设的影响次之。

（三）影响因素分析

针对公园整体景观，基础设施建设和综合服务水平影响因素进行调查。整体景观的影响因素为公园森林覆盖率（A_1）、公园运河水质（A_2）、公园人文景观建设（A_3）和公园生物多样性（A_4）。公园基础设施建设的影响因素为公共卫生间设置间隔（B_1）、休息区的设置间隔（B_2）、垃圾桶的设置间隔（B_3）和外部公共交通便利程度（B_4）。公园综合服务水平的影响因素为游客人身安全保障（C_1）、公园内基础设施保护程度（C_2）、维护公园游览规章制度（C_3）、游客服务中心（C_4）和公园社会活动接待能力（C_5）。下面分别对这三组数据均值进行计算，分析出游客满意度最低的因素（见表 4）。

表 4　　影响因素均值数据

整体景观	得分均值	基础设施建设	得分均值	综合服务水平	得分均值
A_1	3.84	B_1	3.34	C_1	3.69
A_2	3.66	B_2	3.47	C_2	3.71
A_3	3.65	B_3	3.47	C_3	3.65
A_4	3.61	B_4	3.62	C_4	3.69
				C_5	3.82

数据来源：问卷调查。

对于整体景观，A_2（公园水质）和 A_4（公园生物多样性）的得分均值均较低，说明大运森林公园的水质和生物多样性是整体景观发展的最大制约因素。

对于基础设施建设，B_1（公共卫生间设置间隔）的得分均值最低。因此，制约基础设施建设的最大因素为公共卫生间设置间隔。

对于综合服务水平，C_3（维护公园游览规章制度）的得分均值最低，因此，制约综合服务水平的因素主要为公园的游览制度。

四、结论与建议

（一）大运河森林公园发展现状

基于对大运河森林公园的描述统计分析可知，目前，游客对大运河森林公园整体的满意度较高，公园发展现状良好。根据调查可知，游客对大运河森林公园整体的满意度均值超过 4 分，说明北京城市森林公园的发展现状良好，拥有很好的发展前景。大运河森林公园很好地为城市居民提供了一个亲近森林，放松身心的场所，因此得到了城市居民的一致认可。但是，在对影响因素的计量分析中也发现公园的发展存在一些问题。

首先，园区规划设计不合理，基础设施建设不全面。基础设施建设是满足游客基本需要的最根本设施，直接决定了游客的游览质量。在大运河森林公园中，垃圾桶、公共卫生间的设置间隔，休息区的数量等基础设施建设都存在一定程度的问题。在园区规划方面，运河两侧的观赏区和跑道都应设计一些休息区和座椅，但是，大运河森林公园在这方面的建设却十分不完善，这也成为制约大运河森林公园发展的重要因素；其次，园区整体服务水平低，游览制度亟须完善。在调查过程中，大运河森林公园中游客违反游览制度的现象屡见不鲜。公园虽有一些游览制度，但明显没有相应的惩罚措施和监管制度，导致这些违规行为“民不举，官不究”，造成不良影响，恶性循环；最后，园区生态建设缺失，生物多样性不足。大运河森林公园的动物种类单一、数量稀少，主要集中在运河中。但是由于运河水质较差，鱼类难以存活，虽然经过治理有了一些改善，运河水质仍不太适宜生物生存，导致森林公园生物多样性不足。

（二）大运河森林公园发展建议

在城市森林高速发展背景下，大运河森林公园凭借其丰富的自然和景观资源必将是今后城市居民进行休闲游憩活动的热点。因此，今后可以从以下三个方面来促进森林公园的发展。

1. 加强森林公园规划设计，完善基础设施

对森林公园目前的基础设施建设情况进行统一检查，了解目前建设情况后，有针对性地建设每一个森林公园的基础设施。如对数量少的公园增加基础设施数量、合理规划间隔、内部外部交通不便的公园需要完善距离森林公园的最后一公里和公园内部交通的便利程度、在公园内部可以增加公园内部的租车点等，方便老人或者残疾人的出行。

2. 加强公园管理层人才队伍建设，完善管理体系

牢固树立“人力资源是第一资源”的发展理念，加强人才队伍建设，完善管理体系，按照企业管理运作，借鉴成功经验，形成系统、有效的运行机制，建立有效的用人机制。借助优秀的管理人才，对园内的游览制度进行明确的规定，形成合理有效的惩罚机制。

3. 加强森林公园自然景观维护，改善生态环境

以“预防为主、防治结合、过程控制、综合治理”为指导方针。突出生态保护的理念，牢固树立习近平新时代中国特色社会主义思想关于生态文明的重要内容，致力于以保护森林资源、动物资源和人文资源为主的保护性开发，不能以掠夺资源、破坏生态环境和攫取经济利益为主的急功近利开发，彻底改变以牺牲环境、破坏资源为代价的粗放型城市森林公园建设管理模式。

本文参考文献

［1］徐兰．北京城市森林空气负离子浓度时空变化特征及影响因素［D］．沈阳：沈阳农业大学，2019.

［2］石河，刘永光．北京城市副中心确定“两带、一环、一心”绿色空间格局 2.5 个奥森大的台湖万亩游憩园明年建成［J］．绿化与生活，2019（07）：18－21.

［3］刘应潜．城市森林公园标识系统研究——以大运河森林公园为例［D］．北京：中国林业科学研究院，2016.

［4］张衔．北京市平原地区森林资源现状评价研究［D］．北京：中国林业科学研究院，2016.

［5］陈戈，夏正楷，俞辉．森林公园的概念、类型与功能［J］．林业资源管理，2001，3（10）.

［6］国卿，王英雷．试论城市森林公园概念的界定［J］．黑龙江科技信息，2011（35）：185.

［7］楚梦天，南海龙，马莹，张文楼，刘珊．北京市城市森林环境中人群心肺功能及心理情绪相关指标的短期变化［J］．环境与职业医学，2020（02）.

［8］余吉安、文金婷、李娇娇．北京市创意森林的类型、问题及提升策略研究［J］．生态经济，2018，34（12）：215－222.

［9］陈雷，刘植梅，吴田，田张坡．兰桨乍移明镜里，绿杨深处座闻莺——北京通州大运河森林公园南区植物景观设计［J］．北京园林学会会议论文集，2011.

［10］王浩波、张蓉、马国强．云南观音山国家森林公园建设 SWOT 分析［J］．吉林农业，2019（19）：86－87.

［11］张有明．天罡山国家森林公园旅游发展中的生态环境保护对策研究［J］．绿色科技，2018（22）：214－217.

［12］周姿彤，张冰．我国城市森林公园可持续发展分析——以大连城市森林公园为例［J］．沈阳农业大学学报，2018，20（03）：263－268.

家庭农场会计制度研究成果

学 生 姓 名： 刘彦妮　张婧涵　刘博威　肖　宁　王　曦　刘松姚
指导教师姓名： 赵连静

摘　要： 一直以来，我国农业的特点是生产规模小、以家庭为单位、成本高、收益低，严重阻碍了我国农业经济的进一步发展。在市场机制的作用下，家庭农场发挥着越来越重要的作用。本组成员通过对京郊家庭农场的实地调研，结合他省资料对比研究，发现北京家庭农场会计核算制度现存问题较多。基于此我们提出了一些改进建议，希望对家庭农场的进一步发展有所帮助。

关键词： 家庭农场；会计制度；存在问题；措施建议

一、北京市家庭农场现状

在我市，各郊区县按照农业农村部总体要求，结合本地区实际开展家庭农场培育试点。积极参加农业农村部家庭农场培训班，通州、房山、大兴、昌平等区县按照农业农村部要求，在市农委指导下积极探索家庭农场发展模式，组织做好监测数据采集等工作。

（一）北京市家庭农场经营现状

2015年，北京市农委贯彻十八届三中全会关于深化改革、加快培育新型经营主体的要求，开展了北京市家庭农场试点工作。试点探索建立土地流转价格形成机制、家庭农场准入和退出机制、老年农民退养机制等三项机制，由村集体经济组织作为中介方，将耕地流转集中，划定成方连片的若干地块，通过民主程序择优选择家庭农场经营者。每个试点农场会起草相关工作实施意见，确定了农户自愿、试点先行、稳步推进、规范发展、先易后难、自下而上、政策集成、典型示范的发展思路，制定了试点先行、示范带动、规范发展的工作目标，明晰了“四有”“四化”“四统一”的建设内容及标准。

以北京大兴区为例，大兴区现有家庭农场704家，涉及蔬菜、西瓜、果品、畜禽养殖等产业，带动农户8.6万户，带动从事一产农户比例高达85%。

目前，全区有国家级示范12家、市级示范6家、区级示范29家。发展模式有四种：一是农村能人带动型。由具有一定经济实力和能力的种养大户、经纪能人牵头组建，如北京庞安路西瓜园和北京汉良瓜果种植园等；二是村集体经济组织领头组建型。合作社的代表人是村两委负责人，能利用村集体经济组织的人力等资源，如北京市京采兴农产品等；三是龙头企业带动型。由龙头企业提供技术指导、订单采购、管理服务，农户负责劳动力、场地等，如北京老宋瓜园和北京乐平西甜瓜园等；四是农户联合型。由各种类型的农户联合组织形成，如北京首邑兴农农产品是由 24 家农户组成的联合。

（二）北京市家庭农场会计核算发展现状

家庭农场会计核算可以有效地反映家庭农场的经营状况，使家庭农场会计信息真实、完整、及时、有效。便于正确计算家庭农场经营支出和经营收入，方便对家庭农场进行成本效益分析。家庭农场会计核算工作主要做好四件事：一是建立会计档案；二是进行经营成本与效益分析；三是进行成本控制；四是对生产经营的资金使用进行分析。

根据我们调查的农场来看，大部分农场都有设置专门的会计核算人员，也有完整的财务收支记录。但同时缺少财务报告，以及缺少专业人员对财务报告进行财务分析。目前的家庭农场会计核算制度尚不成熟，仅处于萌芽阶段，还需要后续的不断发展完善。

二、与外省的对比

（一）安徽省的家庭农场现状

以安徽省为例，早在 2013 年 9 月，安徽省就领先出台了《关于培育发展家庭农场的意见》，在支持家庭农场基础设施建设，加大财政、金融支持力度等方面，制定了具体的扶持政策，并将“开展示范家庭农场培育、开展家庭农场主培训、推进家庭农场信息化建设”等列为重点工作。在抓好示范引导的同时，还加强了对家庭农场和农民合作社的运行监测，推进家庭农场年度报告工作，对未依法完成年报信息的家庭农场，组织各地按照管理权限分类处理，分级取消示范资格。

同时，设立融资风险补偿基金，解决家庭农场和农民合作社的融资难题，这也是安徽省扶持新型农业经营主体“成长”的创举之一。2015 年以来，安徽省政府支持农民合作经济组织发展专项资金 1.27 亿元，先后在 24 个县（市、区）开展了设立融资风险补偿基金专门支持家庭农场和农民合作社发展试点，有效解决了一批生产发展好、经营管理规范、诚实守信的农民合作社和家庭农场短期融资难问题。

除上述问题以外，安徽省积极推进家庭农场基础台账建设、推广农业农村部家庭农场名录系统应用、发展试点，应用农业农村部“农经管理统计系统”开展家庭农场基础信息采集。在总结推广郎溪县、庐江县、埇桥区试点经验的基础上，新增肥东等 19 个县（市、区）开展整县建立家庭农场基础台账试点。目前，安徽省的试点县已基本实现了建立家庭农场基础台账全覆盖。

（二）安徽省与北京市的家庭农场会计核算发展现状对比

通过对比安徽省和北京市的家庭农场台账，我们发现安徽省家庭农场的台账较北京明显要更详细、更完善、更系统。这与家庭农场类型不同有关，也与政府的大力推广有着密不可分的关系。大部分的家庭农场主的文化水平都不高，他们中的绝大多数都并不知道如何设立台账，而安徽省为了使每一个家庭农场经营者认识到建立基础台账的重要性，帮助他们熟悉并掌握台账内容、填写要求，特意成立了家庭农场基础台账工作领导小组，来加强指导服务。也因此使安徽省各个家庭农场的基础台账规范化、系统化走上正轨。而北京市各个家庭农场的基础台账还不太统一，记录台账的人员也不是很正规，因此导致各个家庭农场台账普遍不够系统完善，而且台账发展程度差异化较大，有的家庭农场台账记录内容较完整，而有的家庭农场台账内容较匮乏。

北京市可向安徽省学习经验，通过政策扶持、示范引导和创新试点，推进基础台账建设，进一步提高家庭农场运行质量，促进小农户与现代农业的有机衔接。

三、调研后发现的问题

（一）管理制度不健全，管理水平较低，对家庭农场会计核算管理与监督不力

家庭农场完全占有其经营成果，不需要缴税，不受信息披露的强制要求，外部缺乏对其的监管，导致家庭农场的会计核算处理存在很多问题。大部分家庭农场缺乏在章程指导下的具体管理制度，比如具体的财务管理制度、内部控制制度、内部管理制度、考核制度等。管理经验的缺失，造成了家庭农场经营的不稳定性，加剧了经营风险。

（二）农场主对会计核算工作的不重视

由于家庭农场规模较小，经营项目少，部分农场主认为会计工作对生产经

营没有作用，而只是自己记录账目，没有找专业的会计人员，导致台账不规范，进而导致成本核算不规范。

（三）家庭农场会计核算难度较高，学习难度大

大多数家庭农场人员的文化程度较低，学习热情也低，导致专业人才较少。会计人员专业素质普遍较低，缺乏会计知识和相关技能，持有会计专业初级资格证的少之又少，了解农场核算的就更加少了，因此不具备按照企业会计准则等进行精确处理的条件，只能对农业活动中的各种收入和费用进行流水账式的记录，不符合家庭农场长远发展目标的需要。

（四）没有建立统管家庭农场的盈余公积金和固定资产管理制度

家庭农场的盈利，应按规定提留盈余公积金和公益金，随着生产力的发展，就要用这些专项资金购置农具并进行设备的更新。因此，如何对家庭农场盈余公积金和公益金进行核算和管理就显得尤为重要，而现行制度对此并没有进行明确的规定，造成家庭农场盈余公积金和固定资产管理的混乱。

四、解决措施

家庭农场的会计制度已经相对完善，但是没有普及，我们调研到的农场都需要外聘专业会计团队进行会计核算。家庭农场的内部人员不能掌握会计核算的方法，所以应从政府、家庭农场两个主体对此状况进行改变。

首先，各级政府重视，积极引导发展家庭农场，面向家庭农场加大有关会计制度的宣传。指派专业人员对家庭农场会计核算进行指导，展开多种形式走进家庭农场，贴近实际，有针对性地开展培训，提高从业者的管理素质和观念，在实践中解决问题。如开展讲座、交流会、开放论坛、拓宽多种渠道，支持大家交流学习；提供多种扶持政策，提高农民学习热情的积极性。完善各项管理制度，如建立家庭农场收益分配管理与核算制度、建立统管家庭农场盈余公积金和公益金以及固定资产的管理制度；还应加强对家庭农场会计核算的监督与检查。严格规定家庭农场会计核算制度，只有建立严格且统一的会计核算制度，才能规范家庭农场的会计核算，也为新兴的家庭农场会计核算提供了规范的发展方向。其主要有以下两点：一是要严令家庭农场按照制度建立符合自己发展的核算制度，消除模糊边界；二是要规定已经拥有初步的会计核算制度的家庭农场严格按照统一制度执行。严格计算家庭农场资金、收入去向。

其次，家庭农场负责人应该改变思维，打破固有现状，要认识到设立专门的会计核算人员的重要意义。即减少流程、提高效率、节省开支，以求得最大

的利润，从而使家庭农场更好地运营下去。内部人员积极学习有关的核算方法，提高自身素质和现代农业的管理经验；聘请专业人员进行会计核算相关内容的指导；记账时，应以复式记账法为主，单式记账为辅；以权责发生制为核算基础，规范核算程序，放宽对报告的要求，强化农场主财务分析理念；多关注家庭农场会计制度政策的出台，顺应发展趋势，保持与时俱进的坚定步伐。

本文参考文献

[1] 张志研. 新农村建设背景下农业企业会计核算规范研究——评《农业企业会计核算—规范·精讲·实训》[J]. 中国瓜菜，2019 (10).

[2] 赵彩文. 中小农业企业会计核算面临的问题及完善对策分析 [J]. 中国乡镇企业会计，2017 (08).

[3] 廖书金. 浅谈农业企业会计核算制度 [J]. 中国农业会计，2010 (03).

[4] 孙梦琪. 家庭农场会计处理适度规范的研究 [J]. 财政监督，2013 (14).

[5] 王倩，姜伟栋. 家庭农场会计核算亟需完善的几个问题 [J]. 中国农业会计，1996 (02).

[6] 周立坤，路瑛波. 家庭农场会计核算法 [J]. 吉林农业，2004 (12).

第二部分

城乡居民消费行为研究

农村电商发展模式及影响因素研究

——以昌平区为例

学 生 姓 名：陈美玉　赵栩婕　于　喆　刘　运　牛泽虹
指导教师姓名：陈　娆

摘　要：随着社会经济和互联网科技的不断发展，电子商务开始普及，这也为农村经济发展带来了机遇。农村电子商务目前处于极速发展的阶段，但是，由于城乡差距明显，相关的法律法规、设施不够健全，农村电商在发展过程中也存在很多问题。本节笔者就以昌平区为例，对农村电商发展模式及其影响因素进行论述，以期为农村电商进一步发展提供借鉴。

关键词：农村电商；发展模式；影响因素

要想提升农村经济发展能力，必须给农村经济注入活力，而电子商务就是促进农村经济发展、改善农民生活水平、缩小城乡发展差距的重要工具。电子商务背景下，农产品可以通过现代通信技术进行宣传，销售渠道问题也就迎刃而解，符合时代发展的潮流，因而，要加快农村电商发展速度，使其在农村经济水平提升方面发挥更大的价值。

一、农村电商发展现状及模式综述

首先，农村互联网的覆盖为农村电商发展提供了前提条件，2018 年我国农村地区的互联网普及率已达 37%；其次，随着农村电商的不断深入，产业链也越发广泛了，形成了农产品电商、生鲜电商、农资电商等广泛的产业布局，涵盖农业各个环节。同时，京东、农村淘宝、拼多多等互联网平台也为农村电商发展提供了诸多的网络平台。

就现在的农村电商发展模式来说，主要有 4 种：分别是水平 B2B 模式、垂直 B2B 模式、C2B 模式和 B2C 模式，不同的电子商务模式应用效果也不尽相同，要想提升不同发展模式的实际应用效果，必须要结合农村实际情况和发展模式特点进行科学合理的分析和选择。

二、农村电商发展模式应用意义

（一）有利于现代化农业发展

近些年来，随着社会经济不断发展，第二、第三、第四产业发展势头强劲，第一产业农业发展较为萎靡，为了保持持续稳健发展，农业也必须适应时代发展潮流，不断推陈出新，利用先进的信息科技实现农业现代化发展。电子商务打破了时间和空间的限制，减少了货币流通的环节，使生活变得更加便捷。发展农村电商可以打破传统产品买卖的局限性，加快农业现代化发展速度，进而改变农村经济结构。

（二）有利于销售渠道的拓宽

传统农业发展影响下，农产品等的流通通常是当地小范围的，流通力度和范围较小，而电子商务突破了地域的限制，使买卖双方的信息能随时在网络平台上共享，拓宽了销售渠道。这样卖方节省了宣传的时间和成本，可以根据供求信息有针对性进行生产，降低产品滞销的风险，也能省去中间商环节，提高收益。

（三）调整农村产业结构

农村电商的发展促进了农村基本信息设施的完善和信息环境的改良，使农村、农民和农业都受到了信息技术带来的恩惠。在电商影响下，农产品也逐步走向规模化和标准化，在一定程度上调整了农村产业结构，使农民不断致力于农产品产量和质量的研究，一定程度上提升了农产品的竞争力。

三、北京地区农村电商发展优势

北京地区的农村电商也已经进入高质量快速发展阶段，如何通过农村电商进行新农业运营产业链的打造，助力美丽新农村的发展建设是亟待解决的问题之一。目前北京地区的农村电商主要服务于郊区县等区域，而且产业链已经涵盖了农产品生产、精加工、新型营销渠道建设、特色品牌打造等功能，形成了具有北京特色的新发展模式。

北京地区因其巨大的区位优势和经济发展情况，农村电商发展具有诸多优势。北京作为首都城市，聚集了我国90%以上的互联网企业，这些企业无论是从规模、资金、技术还是从创新应用能力上来说，在我国都是名列前茅的。因而，北京地区的技术、设备、平台等优势，都可以降低农产品的流通成本和难度，使农村发展电子商务业务的积极性得以提升，进而拉动贫困县的经济发展。

四、北京昌平区农村电商发展存在的问题

（一）物流配送体系不够健全

虽然北京地区的物流配送体系在近几年已经得到了飞速发展，但是部分农村地区还是存在交通不便问题，以及农民对网络通信技术无法灵活运用等现象，交通不便使物流配送周期长，严重降低了物流配送效率；同时，农村老龄化现象严重，且村民普遍文化水平偏低，对上网、网络购物等都不精通，阻碍了与外界的及时沟通。此外，农村快递收发点较为稀缺，不利于农村电商的快速发展。

（二）同质化经营现象明显

现今农村电商发展同质化严重，缺乏差异化的产品、品牌影响力和特色的经营管理方法，导致其在电商竞争理解的环境下，缺乏核心竞争力。例如，现今人们更倾向于绿色消费，主张使用无公害产品。虽然农产品无公害和污染，但是与其他有机食品差异化不明显，再加上大部分农村电商产业链条短，对农产品及销售都没有进行深加工，致使其缺乏品牌包装，区分特征不明显，没有夺人眼球的亮点。

（三）农村电商相关从业人才短缺

一方面，农村地区的专业电子商务技术人才短缺且缺少相关专业的培训。农村经济发展水平与城市相差较大，村民文化程度有限，大部分没有接受过高等教育，因而，受传统观念影响较多，缺乏认识新事物的意识和能力，导致其对农村电商的认识不足；另一方面，即便是农村有学习电子商务专业的优秀人才，也会考虑到农村经济发展状况而选择到经济条件好的城市发展，即便是高薪也很难使其回到农村工作。除此之外，农村电商也缺乏专业的电商运营人员进行专业培训，这就导致农村电商进一步发展受到阻碍。

五、农村电商发展创新策略

（一）加快农村综合服务体系建设

农村综合服务体系建设主要包含电商、网购、物流各个环节协同发展的内

容，应该由政府组织——农村电商企业协调——各个基层服务网点构建。农村电商企业可以进行电商下沉，在乡镇及村里建设电商服务站，为村民提供咨询、代买服务，进行物流渠道下沉，加快交通道路网完善，并广建农村快递代领点，为交通不便的农村提供快递代领服务，解决农村物流配送效率低的难题。

（二）建设农村电商特色品牌

首先，地方政府及相关企业要根据地方特色和产品特色，制定正确的产品定位和发展策略，进行产品的特色经营、专利品牌的申请及推广。农村电商企业可以先进行小批量的产品生产，将其投入市场进行销售经营策略摸索，降低销售风险，然后在充分调研的基础上进行产品定位。其次，农村电商要根据市场需求不断延长产业链，对产品进行深加工、对生产工艺进行不断升级，以增强产品的市场竞争力。最后，农村电商发展一定要完善统揽全局，针对不同区域不同的消费群体制定不同的应对方案，以不断提升消费者的电商购物体验，打造企业口碑。

（三）加大农村电商的人才引进、培养支持力度

农村电商获得长足发展的重要基础就是专业电商人才，要做好专业电商人才的引入和人才培养的支持工作。一方面，可以给予人才引进更大的政策支持，从薪资待遇、北京户口、住房等各方面给予优惠政策，鼓励专业电商人才到农村支援农村电商发展，与原有的农村电商人员进行多方面交流，针对农村当地电商的实际发展情况进行制订科学合理的电商发展计划；另一方面，可以组织电商专家对农村电商就业人员进行定期理论和技能培训，后期再聘请专业的技术人员对电商发展情况进行跟踪研究和专项指导，通过技能培训、实际指导、结果验收等全方位的电商人才培养模式完善农村电商人才培养工作。

六、总结

综上所述，农村电商的迅速发展为农业产品的生产经营、贸易方式都带来了可喜的改变，对新农村的建设发展也带来了新的契机，但是，农村电商在我国兴起时间较晚，仍存在着很多问题。为了促进农村电商的可持续发展，其发展模式必须根据当地的实际状况和产品特点进行合理选择，不断引进专业电商人才，建立健全相关服务体系，加快农村电商的特色品牌的打造，并在实践中不断探索更完善的建设路径。

本文参考文献

[1] 王文佳．农村电商发展影响因素与对策——以中部欠发达地区为例 [J]．商业经济研究，2019 (12)：129-132.

[2] 文梦菊，彭娇，刘玉婷．“互联网＋”视角下农村合作社发展指数及其影响因素的实证研究——基于对黄冈农村合作社的调研为例 [J]．湖北经济学院学报：人文社会科学版，2017，14 (08).

[3] 黄丽娟，窦子欣．基于多模式融合的农村电商生态系统研究 [J]．乡村科技，2018 (35)：39-43.

[4] 史修松，张洋，张效祯．农村电商产业集群发展区域差异研究——来自淘宝村的证据 [J]．淮阴工学院学报，2018，27 (06)：64-70.

[5] 童国平，李绍君，陈岩．基于案例分析的农村贫困地区电子商务发展策略研究 [J]．经济研究导刊，2018 (34)：22-24.

[6] 张旭，史杨焱，李晓乔．“电商平台＋农村物流金融”模式及风险评价体系研究 [J]．科技与经济，2019，32 (01)：36-40.

影响北京市乳制品消费的因素研究

——以液态奶为例

学 生 姓 名： 王亮亮　段连茹　梁燕妮　李思琪　刘　旭　姚静婷
指导教师姓名： 潘恩阳

摘　要： 随着消费信心的不断恢复，社会消费中的乳制品消费占比持续提升，液态奶在北京市乳制品消费中的份额连年走高并得到广泛关注。为进一步了解影响消费者购买液态奶的消费因素，特此展开北京市居民消费者购买乳制品的消费调查。该次调查以北京市五大城区的居民为主要调查对象，运用 SPSS 和统计分析方法对关键的影响因子进行多项 Logistic 回归分析，找出北京市城区居民购买液态奶的主要影响因素，并对此提出有关提升液态奶消费市场占有率的政策建议。

关键词： 乳制品；液态奶；消费者；影响因素

一、前言

乳制品作为具有独特口感和营养较高的消费品，一直以来受到广大消费者的青睐。改革开放以来，我国在加强现代化建设的过程中，包括乳制品在内各行业的发展空间得到不断拓展，特别是近年来，在引入先进技术的基础上，乳制品企业的发展速度加快，有效开拓了乳制品市场。随着经济全球化程度和人民生活水平的提高，人们对于乳制品的需求量也有所上升，使全球乳制品的贸易规模不断扩大。1998 年至 2017 年全球乳制品的进口额年均增长率达 6.41%，2017 年中国乳制品的进口额高达 48.24 亿美元，仅次于德国[1]。

10 多年来，首都北京奶类总产量、人均奶类占有量、居民家庭人均乳制品消费量位居全国前列。由于乳制品食品安全问题使中国的乳制品市场遭到了冲击，消费者对于乳制品的消费态度产生了较大的转变。尽管近年来我国乳制品的产值在逐步提升，但奶业发展进入“寒冰潮”，不敢盲目购买乳制品[2]。这导致的最终结果就是，消费量严重减少，消费者在消费决策过程中也越来越谨慎。在日常的消费行为中，消费者在什么时间、什么地点、以何种方式购买哪种商品，取决于多种因素[3]。倪学志在产品市场竞争力影响因素研究中指出，一样质量的产品，价格越低市场竞争力越强；一样价格的产品，质量越好市场竞争力越强。不同价格、质量的产品，它的竞争力大小是通过其质价比体现出来的，质价比越高，产品的市场竞争力就越强。

北京市是我国主要的乳制品消费市场，乳制品消费水平在全国处于领先地位，对乳制品有一定的刚性需求。据统计，在近年来大众乳制品消费低迷的情况下，高端乳制品消费呈上升趋势，高端乳制品消费市场或仍有较大的消费潜力。

通过观察北京市乳制行业的数据，我们发现乳制品行业消费量还未达到饱和状态，尚有可提高的空间和发展前景。中国乳制品业已到了由数量增长向质量效益转型的关键时期。当前的研究大多从宏观角度出发，从整体性上讨论影响因素。本文将围绕北京市乳制品消费影响因素展开问卷调查，对搜集到的有效数据进行描述性统计分析，并运用多项 Logistic 方法提炼核心影响因素，得出研究结论，力图为促进北京市乳制品产业发展建言献策。

二、基本情况

在 179 位受访者中，男性 94 人（52.51%），女性 85 人（47.49%），受访者男女性别比例基本持平；消费者年龄 15～85 岁，年龄小于 23 岁的 46 人（25.7%），23～35 岁的 37 人（20.7%），36～45 岁的 39 人（21.8%），46～59 岁的 32 人（17.9%），大于 60 岁的 25 人（13.92%）；职业类型中专业人士的 10 人（5.59%），服务业人员 23 人（12.85%），自由职业者 11 人（6.14%），工人的 26 人（14.52%），公司职员的 28 人（15.64%），事业单位的 17 人（9.50%），学生 32 人（17.88%），家庭主妇者 7 人（3.91%），其他职业 25 人（13.97%）；

文化水平为初中及以下的 32 人（17.9%），高中（中专）50 人（27.9%），大学（大专）89 人（49.7%），硕士及以上的 8 人（4.5%）；家庭人均月收入水平小于 1500 元的 11 人（6.1%），1501～3000 元的 23 人（12.8%），3001～4500 元的 41 人（22.91%），4501～7000 的 57 人（31.8%），7001～10000 元的 21 人（11.73%），大于 10000 元的 26 人（14.5%）；每个月液态奶消费支出中，小于 50 元的 45 人（25.1%），51～100 元的 45 人（25.1%），101～200 元的 46 人（25.70%），201～300 元的 23 人（12.8%），大于 301 元的 20 人（11.2%）；居住的区域统计：西城区受访的 31 人（17.3%），昌平区受访的 50 人（27.9%），海淀区受访的 33 人（18.4%），丰台区受访的 30 人（16.8%），朝阳区受访的 35 人（19.6%）。

三、北京市五大城区乳制品消费主要影响因子识别

我们运用 SPSS19.0 统计软件对关键的影响因子进行多项 Logistic 回归分析，来得出影响消费者购买乳制品的主要因素及结论。对各变量的定义、描述性统计归纳如下（见表 1）。

（一）变量选择及定义

表 1　　变量定义及描述性统计

变量名称	变量定义及赋值
性别	男=1，女=2
年龄	23 岁以下=1，23～35 岁=2，36～45 岁=3，46～59 岁=4，60 岁以上=5
职业	专业人士（如教师/医生/律师等）=1， 服务业人员（餐饮服务员/司机/售货员等）=2， 自由职业者（如作家/艺术家/摄影师/导游等）=3， 工人（如工厂工人/建筑工人/城市环卫工人等）=4， 公司职员=5，事业单位/公务员/政府工作人员=6，学生=7，家庭主妇=8， 其他=9
文化程度	初中及以下=1，高中（中专）=2，大学（大专）=3，硕士及以上=4
家庭人均月收入	1500 元以下=1，1501～3000 元=2，3001～4500 元=3，4501～7000 元=4，7001～10000 元=5，10001 元以上=6
每个月在液态奶方面的消费支出	50 元以下=1，51～100 元=2，101～200 元=3，201～300 元=4，301 元以上=5
对液态奶的需求程度	非常需求=1，比较需求=2，一般需求=3，需求较小=4，极不需求=5
口味	非常关注=1，比较关注=2，一般关注=3，不关注=4，极不关注=5
价格	非常关注=1，比较关注=2，一般关注=3，不关注=4，极不关注=5
包装	非常关注=1，比较关注=2，一般关注=3，不关注=4，极不关注=5
品牌	非常关注=1，比较关注=2，一般关注=3，不关注=4，极不关注=5
营养价值	非常关注=1，比较关注=2，一般关注=3，不关注=4，极不关注=5
促销活动	非常关注=1，比较关注=2，一般关注=3，不关注=4，极不关注=5
广告	非常关注=1，比较关注=2，一般关注=3，不关注=4，极不关注=5

数据来源：根据相关资料整理。

（二）模型选择与设定

我们从液态奶的角度，对北京市西城区、昌平区、海淀区、丰台区、朝阳区五大城区的消费者购买液态奶的消费行为进行调查研究，因为因变量的选项有多个，我们选择多项 Logistic 线性回归进行分析比较合适。其中，因变量（Y）为消费者或消费者家庭每个月在液态奶方面的消费支出和消费者对于液态奶口味等 7 个方面的关注度，另外依据液态奶消费的特性，将性别、年龄、职业、文化程度、家庭人均月收入作为控制变量（X）。

（三）北京市五大城区液态奶消费 Logistic 模型回归分析

通过运用 SPSS 软件的分析，我们得出了模型参数估计的结果（各回归系数估计值、标准错误、瓦尔德统计量的观测值、自由度、瓦尔德统计量观测值的概率 P 值、$\frac{P(y=i|X)}{P(y=5|X)}$（i=1、2、3、4）值）。其中，第五类消费支出（301 元以上）、第二个性别（女）、第五个年龄（60 岁以上）、第九个职业（其他）、第四个文化程度（硕士及以上）、第六个家庭人均月收入（10001 元以上）为参照类。

于是，可以得到以下 4 个广义 Logit 方程：

1. 广义方程 1

$$\text{Logit}P_1=l\left(\frac{P(y=1|X)}{P(y=5|X)}\right)=16.965-0.867X_1(1)+24.637X_2(1)+3.805X_2(2)+3.365X_2(3)+1.425X_2(4)-2.903X_3(1)-3.182X_3(2)-1.081X_3(3)-1.321X_3(4)-3.324X_3(5)-1.361X_3(6)-23.687X_3(7)-26.083X_3(8)+4.912X_4(1)-18.754X_4(2)-18.775X_4(3)+0.514X_5(1)+19.169X_5(2)+2.512X_5(3)+2.479X_5(4)+20.408X_5(5)。$$

此式是家庭每个月在液态奶方面的消费支出在 50 元以下和家庭每个月在液态奶方面的消费支出在 301 元以上的概率比的自然对数模型。

（1）年龄

在性别、职业、文化程度、家庭人均月收入相同时，年龄 23～35 岁的比自然对数较年龄 60 岁以上（参照类）平均增加 3.805 个单位，年龄 23～35 岁的概率比是年龄 60 岁以上的 44.904 倍。年龄 23～35 岁的受访者所在家庭每个月在液态奶方面的消费支出在 50 元以下，高于年龄 60 岁以上的，而且统计上显示，年龄在 23～35 岁的受访者所在家庭每个月在液态奶方面的消费支出在 50 元以下倾向与年龄 60 岁以上的有显著差异；

（2）家庭人均收入

在性别、年龄、职业、文化程度相同时，家庭人均月收入在 3001 元至 4500

元的比自然对数较家庭人均月收入在 10001 元以上（参照类）平均增加 2.512 个单位，家庭人均月收入在 3001 元至 4500 元的概率比是家庭人均月收入在 10001 元以上的 12.330 倍。家庭人均月收入在 3001 元至 4500 元的家庭每个月在液态奶方面的消费支出在 50 元以下高于家庭人均月收入在 10001 元以上的家庭，且统计上显示，家庭人均月收入在 3001 元至 4500 元的家庭每个月在液态奶方面的消费支出在 50 元以下倾向与家庭人均月收入在 10001 元以上的家庭有显著差异。

2. 广义方程 2

$$\mathrm{Logit}P_2=\ln\left(\frac{P(y=2\mid X)}{P(y=5\mid X)}\right)=15.526-0.805X_1(1)+23.915X_2(1)+4.709X_2(2)+3.624X_2(3)-0.001X_2(4)-19.923X_3(1)-2.752X_3(2)-1.099X_3(3)+0.659X_3(4)-2.108X_3(5)-1.495X_3(6)-22.190X_3(7)-4.774X_3(8)+6.342X_4(1)-19.203X_4(2)-17.497X_4(3)-1.990X_5(1)+18.152X_5(2)+3.218X_5(3)+2.035X_5(4)+20.955X_5(5)$$

此式是家庭每个月在液态奶方面的消费支出在 51 元至 100 元和家庭每个月在液态奶方面的消费支出在 301 元以上的概率比的自然对数模型。

（1）年龄

在性别、职业、文化程度、家庭人均月收入相同时，年龄 23～35 岁的比自然对数较年龄 60 岁以上（参照类）平均增加 4.709 个单位，年龄 23～35 岁的概率比是年龄 60 岁以上的 110.979 倍。年龄 23～35 岁的受访者所在家庭每个月在液态奶方面的消费支出在 51～100 元高于年龄 60 岁以上的，而且统计上显示，年龄 23～35 岁的受访者所在家庭每个月在液态奶方面的消费支出在 51～100 元倾向与年龄 60 岁以上的有显著差异；年龄 36～45 岁的比自然对数较年龄 60 岁以上（参照类）平均增加 3.624 个单位，年龄 36～45 岁的概率比是年龄 60 岁以上的 37.489 倍。年龄 36～45 岁的受访者所在家庭每个月在液态奶方面的消费支出在 51～100 元高于年龄 60 岁以上的，统计上显示，年龄 36～45 岁的受访者所在家庭每个月在液态奶方面的消费支出在 51～100 元倾向与年龄 60 岁以上的有显著差异。

（2）家庭人均收入

在性别、年龄、职业、文化程度、相同时，家庭人均月收入在 3001～4500 元的比自然对数较家庭人均月收入在 10001 元以上（参照类）平均增加 3.218 个单位，家庭人均月收入在 3001～4500 元的概率比是家庭人均月收入在 10001 元以上的 24.989 倍。家庭人均月收入在 3001～4500 元的家庭每个月在液态奶方面的消费支出在 51～100 元高于家庭人均月收入在 10001 元以上的家庭，且统计上差别显著，所以家庭人均月收入在 3001～4500 元的家庭每个月在液态奶方面的消费支出在 51～100 元倾向与家庭人均月收入在 10001 元以上的家庭有显著差异。

3. 广义方程 3

$$\text{Logit}P_3=\ln\left(\frac{P(y=3|X)}{P(y=5|X)}\right)=1.574-0.639X_1(1)+22.334X_2(1)+3.510X_2(2)+4.836X_2(3)+1.006X_2(4)-2.186X_3(1)-3.408X_3(2)-0.715X_3(3)-0.027X_3(4)-5.462X_3(5)-1.920X_3(6)-22.570X_3(7)-23.495X_3(8)+23.181X_4(1)-2.234X_4(2)-0.272X_4(3)-21.563X_5(1)+15.189X_5(2)-0.233X_5(3)+1.248X_5(4)+17.776X_5(5)$$。

此式是家庭每个月在液态奶方面的消费支出在 101～200 元和家庭每个月在液态奶方面的消费支出在 301 元以上的概率比的自然对数模型。

(1) 年龄

在性别、职业、文化程度、家庭人均月收入相同时，年龄 23～35 岁的比自然对数较年龄 60 岁以上（参照类）平均增加 3.510 个单位，年龄 23～35 岁的概率比是年龄 60 岁以上的 33.461 倍。年龄 23～35 岁的受访者所在家庭每个月在液态奶方面的消费支出在 101～200 元高于年龄 60 岁以上的，且统计上差别显著，所以年龄 23～35 岁的受访者所在家庭每个月在液态奶方面的消费支出在 101～200 元倾向与年龄 60 岁以上的有显著差异；年龄 36～45 岁的比自然对数较年龄 60 岁以上（参照类）平均增加 4.836 个单位，年龄 36～45 岁的概率比是年龄 60 岁以上的 126.023 倍。年龄 36～45 岁的受访者所在家庭每个月在液态奶方面的消费支出在 101～200 元高于年龄 60 岁以上的，统计上差别显著，所以年龄 36～45 岁的受访者所在家庭每个月在液态奶方面的消费支出在 101～200 元倾向与年龄 60 岁以上的有显著差异。

(2) 职业

在性别、年龄、文化程度、家庭人均月收入相同时，职业是服务业人员、公司职员的比自然对数较职业是其他（参照类）分别平均减少 3.408 个、5.462 个单位，职业是服务业人员、公司职员的概率比分别是职业为其他的 0.033 倍、0.489 倍。职业是服务业人员、公司职员的受访者所在家庭每个月在液态奶方面的消费支出在 101～200 元低于职业为其他，而且统计上差别显著，所以职业是服务业人员、公司职员的受访者所在家庭每个月在液态奶方面的消费支出在 101～200 元倾向与职业为其他的有显著差异。

在性别、年龄、职业、家庭人均月收入相同时，文化程度为高中的比自然对数较文化程度是硕士及以上（参照类）平均减少 2.234 个单位，文化程度为高中的概率比是文化程度为硕士及以上的 0.107 倍。文化程度为高中的受访者所在家庭每个月在液态奶方面的消费支出在 101～200 元低于文化程度是硕士及以上的，统计上差别显著，所以文化程度为高中的受访者所在家庭每个月在液态奶方面的消费支出在 101～200 元倾向与文化程度是硕士及以上的有显著差异。

4. 广义方程 4

$$\text{Logit}P_4=\ln\left(\frac{P(y=4\mid X)}{P(y=5\mid X)}\right)=19.374-0.709X_1(1)+22.257X_2(1)+3.704X_2(2)+4.296X_2(3)+1.542X_2(4)-22.056X_3(1)-3.745X_3(2)-1.665X_3(3)-2.054X_3(4)-5.374X_3(5)-3.667X_3(6)-24.501X_3(7)-2.807X_3(8)+4.391X_4(1)-19.845X_4(2)-18.011X_4(3)-21.563X_5(1)+13.020X_5(2)-1.241X_5(3)+1.357X_5(4)+19.119X_5(5)$$。

此式是家庭每个月在液态奶方面的消费支出在 201～300 元和家庭每个月在液态奶方面的消费支出在 301 元以上的概率比的自然对数模型。由此可见：

（1）年龄

在性别、职业、文化程度、家庭人均月收入相同时，年龄 23～35 岁的比自然对数较年龄 60 岁以上（参照类）平均增加 3.704 个单位，年龄 23～35 岁的概率比是年龄 60 岁以上的 40.607 倍。年龄 23～35 岁的受访者所在家庭每个月在液态奶方面的消费支出在 201～300 元高于年龄 60 岁以上的，而且统计上差别显著，所以年龄 23～35 岁的受访者所在家庭每个月在液态奶方面的消费支出在 201～300 元倾向与年龄 60 岁以上的有显著差异；年龄 36～45 岁的比自然对数较年龄 60 岁以上（参照类）平均增加 4.296 个单位，年龄 36～45 岁的概率比是年龄 60 岁以上的 73.404 倍。年龄 36～45 岁的受访者所在家庭每个月在液态奶方面的消费支出在 201～300 元高于年龄 60 岁以上的，而且统计上差别显著，所以年龄 36～45 岁的受访者所在家庭每个月在液态奶方面的消费支出在 201～300 元倾向与年龄 60 岁以上的有显著差异。

（2）职业

在性别、年龄、文化程度、家庭人均月收入相同时，职业是服务业人员、公司职员的比自然对数较职业是其他（参照类）分别平均减少 3.745 个、5.374 个单位，职业是服务业人员、公司职员的概率比分别是职业为其他的 0.024 倍、0.005 倍。职业是服务业人员、公司职员的受访者所在家庭每个月在液态奶方面的消费支出在 201～300 元低于职业为其他，而且统计上差别显著，所以职业是服务业人员、公司职员的受访者所在家庭每个月在液态奶方面的消费支出在 201～300 元倾向与职业为其他的有显著差异。

四、消费者对液态奶关注度的描述性统计分析

在购买液态奶时对液态奶各方面的关注程度，是表现液态奶消费特征的重

要变量。以下是从年龄和收入两方面对北京市居民的液态奶消费的关注因素进行的描述统计。对于该部分的关注程度的量化，同样采用了基于事实的分类方法，对被访者的回答进行1～5分的赋值，分别代表极不关注、不关注、一般关注、比较关注、非常关注。实地调查发现，北京当地受访者对于选购液态奶，表现出一致的关注标准。其中最重要的标准是"口味"和"营养价值"，并且对广告、包装和促销都给予了最小的关注程度，表现出了一致的液态奶消费的理性。

（一）消费者比较关注液态奶的口味与营养

位于23岁以下的消费者共调查了46人，其中23～35岁37人，36～45岁39人，46～59岁32人，60岁以上25人。23岁以下的消费者最关注液态奶的口味与营养价值，对于液态奶的促销活动与广告关注程度较少；23～35岁最关注的是液态奶口味，对于液态奶的营养价值与促销活动持一般关注的态度；36～45岁最关注液态奶的包装与品牌，与23岁以下消费者一样对于促销活动与广告的关注程度较少；46～59岁年龄层段的消费者最关注的是液态奶口味，最不关注的是广告；60岁以上的消费者最关注的品牌与营养价值，不关注的是广告。

每个年龄层段对最关注的影响因素大体相同但有细微差异，但在液态奶的影响因素中，对最不关注的广告全年龄段观点一致。其实，商家在生产牛奶时应该最先确认这一款牛奶面向的是哪个年龄层段的消费者，并针对不同年龄层段消费者对于购买液态奶的消费观点，研发具有不一样特色的液态奶。对于23岁以下以及23～59岁的消费者，商家在液态奶的研发上应专注于口味；对于36～45岁及60岁以上应专注研究液态奶的包装、品牌及营养价值。从以上研究还可以看，商家应该在广告方面降低资金投入，消费者大都不关注液态奶的广告，更多关注的是口味与营养。

（二）消费者不同收入水平影响不同购买行为

收入在1500元以下有11人，1501～3000元有23人，3001～4500元有41人，4501～7000元有57人，7001～10000元有21人，10000元以上有26人。收入在1500元以下的消费者最关注液态奶的口味与营养价值，对于液态奶的促销活动与广告关注程度较少；1501～3000元最关注的是液态奶价格，不关注广告；3001～4500元最关注液态奶的口味和价格，收入在4501～7000元消费者一样对于促销活动与广告的关注程度较少；7001～10000元收入层段的消费者较关注的是液态奶口味、营养价值、品牌，最不关注的是包装和促销活动；10000元以上的消费者最关注的品牌与营养价值，不关注的是促销活动。收入是影响食品消费的主要因素之一[4]。从我们调查得出的数据来看，一般来说收入越高的人群对液态奶消费越高，也越重视产品本身的质量，例如，品牌与营养价值，而对价格的敏感度不高。这样一来，单纯的促销活动或广告、包装这些因素对他们的吸引力是不够的，因此需要企业更加注重商品本身的质量，打好品牌攻坚战。在众多的研究中表明人们收入的高低对液态奶需求有重要的影响。

一般来说，消费者收入水平越高，相对于购买液态奶的需求量就越大；反之，收入水平越低，需求量就越小。再者，品牌也是消费者较为关注的一个重要因素，品牌是企业无形资产的重要组成部分，品牌的最后拥护者是消费者，品牌是消费者经验的总和。

五、建议

（一）继续提高品牌影响力，提升消费认知

调查数据结果显示，无论是哪个年龄段的消费人群，在关注度上，都更加关注液态奶的品牌，在购买的过程中会优先考虑是哪种液态奶品牌。而且，随着市场细分程度逐渐提高，各大企业从原先的价格战、广告战逐渐转到品牌建设上来，品牌效应已经成为了竞争的焦点[5]。毫无疑问，企业在塑造或者提高品牌影响力方面应当加大投入力度，以满足消费者的品牌感知需求。品牌的最后拥护者是消费者，品牌是消费者经验的总和。

（二）提高液态奶口味研发能力，提高市场竞争力

大多数消费者对液态奶的口味持较高的关注度。液态奶的口味也是消费者购买所考虑的首要因素。年轻人十分偏好调味奶，这或许是因为调味奶在年轻的一代人中成为一种时尚的消费[6]。当然，在现阶段的液态奶市场中，众多口味的产品蜂拥而出，基本上各个口味的产品都能在货架上找得到。但是，在这么多口味不一的产品中，哪种更受到消费者的青睐，就需要对市场上的企业进行深入调查，生产更加受消费者青睐的产品，满足消费者的口味感知需求。

现在的市场竞争力是十分激烈的，这迫使我们必须做出改变，我们可以淘汰一些产能过剩、竞争激烈的液态奶品种，去创新，增加研发投入，用新品种的研发以吸引更多的消费者。提出要想改变当前国内以奶粉为主的产品格局，针对国内和国际市场需求较大的功能性奶制品比如消毒奶、保鲜奶、酸奶、冰淇淋等进行研发投入和工艺提升。因此，产品的研发是企业发展的一个重大突破口[7]。

（三）提高液态奶差异化水平，满足不同消费者群体

市场上消费者的年龄、职业、收入等因素各不相同。调查结果显示，不同

的消费群体对液态奶的关注度存在较大差异。企业应当做好市场细分，有效针对目标群体做出适当地产品生产调整，提高液态奶差异化水平。差异化水平的提高会让消费者体会到新鲜感，而新鲜感能够刺激消费，有条件的企业应该把新鲜感作为液态奶的主要卖点[8]。集中力量宣传该产品的差异化品质，提高其在消费者购买决策中的影响力。

本文参考文献

[1] 张萍等．世界乳制品贸易演变特征及效应分解研究 [J]．中国畜牧杂志，2019 (55).

[2] 崔家瑞．我国乳制品业发展的现状、问题及措施 [J]．食品安全导刊，2018 (15).

[3] 卢艳．乳制品事件下的消费者态度及转变途径 [J]．现代商业，2008 (36).

[4] 张岩等．乳制品消费影响因素探究——基于CHNS数据的分析 [J]．中国畜牧杂志，2017 (53).

[5] 刘菲菲．液态奶品牌形象对消费者购买意愿的影响研究 [D]．内蒙古财经大学，2017.

[6] 杨鹏等．青岛消费者对液态奶属性偏好的联合分析 [J]．中国食物与营养，2014 (20).

[7] 邸娜．我国乳制品贸易特征及发展对策研究 [J]．中国畜牧杂志，2011 (41).

[8] 胡卫中等．消费者品质认知与液态奶产品差异化策略 [J]．中国畜牧杂志，2009 (45).

2020年冬奥会对延庆都市休闲农业品牌塑造研究

学 生 姓 名： 王　璐　王若琦　马澳辰　吴　倩　龚　蕊
指导教师姓名： 石　林

摘　要： 本项目主要通过总结其他国家奥林匹克冬季奥运会（以下简称冬奥会）成功经验，结合北京“大都市、小农业”的发展特点，以冬奥会为契机，进一步加快北京农产品向高质量、国际化发展的步伐。通过梳理北京及延庆在发展特色农业方面的优势，结合北京农学院园艺、农林和植科、农经等优势专业，以冬奥会的举办为平台，呼吁首都的农业企业重视品牌打造，讲好品牌故事，珍惜自己的荣誉，提高诚信度和美誉度，做出真正受到消费者和业界尊重的农业品牌，成为引领北京菜篮子产业发展的旗帜。通过建立人才双向流通机制，以期实现延庆农业转型和我校人才全面发展的双赢。

关键词： 冬奥会；延庆；休闲农业；品牌塑造

一、基本情况

（一）内容

品牌体现着企业创新的智慧及制造的品质，优秀的品牌可以成为一个地区的名片。我国农产品品牌建设起步晚、基础差，真正具有竞争力的品牌较少，跨省跨区域的品牌不多，国际上的知名品牌更少。冬奥会是举全国之力办的一次大型的冰雪项目盛会，它的召开将对经济具有重大推动力和影响力，尤其是将给农业带来重大的机遇。冬奥会将聚集全球优秀人才和运动员在一起，全世界各种高端农产品都会摆在餐桌上，这将给投资农产品销售的合作社、家庭农场等带来品牌快速推广的好机会，迅速将品牌打向全球。品牌农业是一个以市场需求为原点、以生态安全为基础、以工业化经营为理念、以品牌营销为路径，打通一二三产业，促进农业增效、农民增收、消费者受益，最终实现可持续发展的农业。

从消费需求上看，现阶段，我国居民即将实现小康社会，尤其是北京已经实现了全部脱贫任务，未来居民的生活更关注的是品质、品牌。

关于农产品品牌塑造，国内外学者进行了大量的研究。认为农产品品牌建设已经成为农产品生产和经营的重要手段，实施农产品品牌战略是农产实现市场价值的重要保证，也是改造传统农业的有效途径。农产品品牌化发展是增加农产品附加值，促进农业发展的重要途径，无论是政府还是农场主都应树立正确的品牌观念，完善农产品标准化建设。我国应更多借鉴发达地区国家的品牌建设经验，加大对农产品的严格控制，增加农业的科技投入，依靠科技、人才和先进工艺设备开发名牌产品。随着国际经济一体化趋势日益加强，实施农产品品牌战略，有利于提高农产品的市场竞争力，进一步拓展国外农产品市场，有利于提高农业优质化发展。我国农产品品牌管理体制目前尚不健全，重生产、轻品牌；重注册、轻建设，同时农业合作组织发展迟缓。

农产品相比工业产品，在品牌运营过程中具有很多特殊性，比如地域性决定产品品质、食品安全形成的差异化、品质和产量受大气候影响很大、地域品牌因没有知识产权而品质很难稳定保证，故很难实现真正的品牌化、企业品牌还没有形成规模、长线投资，大多数中小企业很难运营等。正因为农产品自身的特殊禀赋，无论对消费者还是生产者而言农产品的品牌化均有其特殊意义。

目前农产品品牌建设和提升的研究已经取得了很大的进展，而且现存研究不乏创新，逐渐深化、拓展了农产品品牌发展的趋势及建设路径等认识。

在现阶段绿色农业、生态休闲农业发展的背景下，以冬奥会为契机，找准北京农产品品牌建设的关键环节，就需要进一步深化研究其他国家农产品建设的经验、模式和机制，并提出可行的政策建议。

北京农学院作为服务首都的都市园林高校，在园艺、农经、植科等专业方面拥有大量的专家和学者，同时还培养了大量的本科生和研究生，未来期望通过研究建立双方在农业方面合作机制，实现共同发展。

（二）目标

延庆应在新阶段抓住世园会、冬奥会重大机遇，落实好新一版北京城市总规赋予延庆的功能定位，进一步强化生态涵养功能，拓展提升文化、科技创新和国际交往等功能，实现更高层次、更高品质发展；结合农学院的优势分析，通过冬奥会这一契机促进延庆的农业发展，提升当地农产旅游业等经济的发展；利用学生的专业知识来了解较有特色的农产业怎么样去发展，可以带动想换专业的人就业发展。

（三）研究的内容

1. 延庆区发展农业的优势

（1）交通优势。

（2）土地优势。

（3）政策优势。

（4）气候优势。

2. 冬奥会效应

（1）经济效应。

（2）消费效应。

（3）生态绿色效应。

（4）品牌效应。

3. 北京农学院优势

（1）专业优势。

（2）人才优势。

（3）平台优势。

4. 延庆农产品品牌存在问题

5. 国际冬奥会城市发展经验总结

6. 校地人才合作模式与机制研究

7. 延庆农产品品牌未来发展愿景

8. 塑造延庆农产品品牌重大工程

（四）拟解决的关键问题

（1）当前延庆农产品品牌建设存在的问题。

（2）农学院专业招生以及学生专业素质问题。

（3）解决农学院学生就业发展问题。

（五）主要特色

把农产品品牌和延庆冬奥会相结合，此课题与北京农学院紧密相关，可以将冬奥会和本校专业特色联系，并通过此次项目的研究实现农学院和农产品品牌的双赢。通过此次研究发现农产品品牌发展中的问题，并借冬奥会这次契机，提出具有特色的农产品发现路径。

二、研究完成情况

（一）研究思路

本项目通过查找文献了解情况，查找了其他案例进行分析再通过实体考察写出大体框架，又参观了延庆地区农业基地进行实体考察，最后写出报告。

（二）研究方法

1. 案例分析法

通过了解前几届冬奥会以及冬奥会的举办、周围城市农业经济的改变，总结 2022 年冬奥会为延庆农产品品牌建设的经验。

2. 文献分析法

通过知网下载关于奥运会经济、农产品品牌建设研究文献、国外关于绿色农业发展文献，通过分析、总结，找出项目的切入点及提出未来发展策略。

3. 网络数据爬虫法

通过学习八爪鱼软件，从网络上搜集整理更多零散的数据，为项目研究提供数据基础。

（三）可行性分析

1. 时间可行性

此次调研活动安排在学生大二期间，选择大家都空闲的时间去发放调查问卷，汇总整理收集到的资料，然后一起开会讨论，分析遇到的问题，探讨解决方案。同时，每个人自主上网查资料，并分析调查结果，为写调查报告准备。在总体框架下针对不同情况利用自己的空余时间完成各自的任务。

2. 经济可行性

调查主要是在北京市范围内展开，外出乘坐公交，地铁方便出行，采用发放调查问卷和访谈的方式收集资料，同时可用手机拍照片进行辅助。

3. 组织可行性

在实施调查前，我们小组成员做了充分的资料收集，认真探讨了调查思路，详细的安排了调查进度，组内成员分工合作，根据各自的专业特长分别负责具体的工作。就工作需要建立了微信讨论群，方便资料共享和交流。同时学校对社会实践活动的大力支持以及高度重视，为我们营造了良好的氛围。

（四）本项目的创新之处

本项目的创新之处在于 2022 年冬奥会对延庆都市创新休闲农业品牌这一科研题目，与我们北京农学院息息相关，作为农业院校拥有植物科学与技术学院、园林学院，以及特色专业农林经济，我们想要把冬奥会和我校农业特色结合，通过建立人才流动机制，实现高校人才培养与地区农产品品牌建设与提升双赢。

通过调研，掌握延庆农产品品牌发展的现状，存在的问题，并针对问题，以冬奥会为契机，提出具有地区特色的农产品品牌发展路径。

（五）目标

结合农学院特色研究出结合北京大都市，小农业的发展对策。农林，园艺等去发展延庆产业，从生态环境、人文环境等提出建议对策。利用学校专业优势和冬奥会结合帮助扩展本校学生就业。

形成具有较高，有参考价值的研究报告；发表核心期刊1篇至2篇；通过实地调研，编写反映延庆农业品牌发展的调研报告1篇。

（六）研究现状

作为冬奥会、冬残奥会举办地之一，延庆责任重大、使命光荣，也迎来了重大的历史发展机遇。延庆如何在新阶段抓住冬奥会重大机遇，探索把生态资源优势转化为经济优势，从而推动延庆全域旅游发展需要深入研究。

1. 研究综述

大型体育赛事的举办是一件引发全球媒介关注的大事件，同时大型体育赛事的举办对于承办地区和国家而言都将产生巨大的影响。自2008年北京奥运会成功举办以来，围绕着大型体育赛事对区域影响的研究一度成为学术界的热点。研究的主题主要集中在大型体育赛事的举办的营销策略与公众参与（徐彩明等，2015；宋保安，2010）大型体育赛事对城市发展的影响（田静等，2011；王智慧，2012）大型体育赛事的媒介传播效果研究（张业安等，2013；赵倩，2013）；大型体育赛事对城市旅游的影响（肖锋等，2004；罗秋菊等，2011）等领域。

冬奥会是冬季体育运动项目最高层次的国际性综合赛会。1924年，第一届冬奥会在法国夏蒙尼举办，历经近百年，冬奥会的规模和影响力越来越大。以2010年冬奥会举办地之一的惠斯勒度假区为例，对冬奥会举办地可持续发展进行研究。研究表明：惠斯勒度假区利用2010年冬奥会的契机，建立了冬奥会举办地可持续发展体系，在充分动员社会组织力量的同时，创新了活动体系，为冬奥会举办地可持续发展探索了新的途径。建议未来冬奥会举办地应将可持续发展的视野扩大到社会的更多方面；将举办地可持续发展纳入城市发展规划之中；以组织体系为支撑，形成可持续发展的长效机制；创新活动体系，努力形成冬奥会举办地可持续发展的新形式。

根据以往冬奥会举办成功的经验，冬奥会为举办地建立了可持续发展体系。首先可以开展旅游业从而促进延庆农产品发展，同时可以利用农学院优势来促进农产品产量。旅游业在发展及经济和消除贫困和创造发展机会上发挥较大作用。就1992年巴塞罗那奥运会的成功举办的案例分析，奥运经济有着非常强大的辐射效应，能够推动主办地经济发展，1992年巴塞罗那奥运会给主办地加太罗尼亚州带来 260.48 亿美元的效益，这就说明了奥运会对区域经济的发展可以产生极大的助力，同时也促进了当地的农产品发展，带动农业进步。

2. 延庆加快全域旅游的优势

（1）生态优势

山水林田湖草生态资源种类齐全，系统性较强。延庆山区占全区面积 72.8%，海拔在 1000 米以上的山峰有 81 座，境内有全市第二高峰（海陀山）。全区Ⅳ级以上河流有 46 条，拥有全市第二大水库（官厅水库），妫水河水质较好且常年不断流。全区森林覆盖率 58.41%，境内有全市唯一湿地鸟类自然保护区（野鸭湖自然保护区），湿地面积达 3694.6 公顷。

拥有大尺度、大面积城市森林空间。2012—2015 年，延庆实施大规模平原造林工程，高质量完成平原造林 7.9 万亩，在五个生态涵养区中平原造林工程规模最大，比同一时期内门头沟、怀柔和平谷三区平原造林面积之和还多。目前，部分 2012 年、2013 年的地块林木已显现出森林景观。

（2）长城文化优势

延庆文化资源丰富，形成了以长城文化为代表的深厚文化底蕴。

延庆长城沿线形成了驿路文化、马文化、冶铁文化、平北红色文化等丰富的文化现象，并分布了岔道城（中国历史文化名村）、榆林驿（北京市历史文化保护街区）、永宁古城等一批古村古镇。八达岭长城代表中国万里长城接受了联合国教科文组织颁发的世界文化遗产证书和“世界新七大奇迹”证书，成为中华文明的象征。

（3）宜居优势

延庆地处北京的上风上水，东南北三面环山，西面临水，全区最低海拔 470 米，最高海拔 2241 米（海坨山），平原地区平均海拔 500 多米，山区平均海拔 700 米左右，是五个生态涵养区中唯一一个几乎全区都处于海拔 500～2000 米范围的区，其中大片区域的海拔处于 700～1000 米，加之森林覆盖率高，负氧离子尤为密集，非常适合人们长期居住、生活、养生。

延庆绿化覆盖率和绿地率高，其中绿化覆盖率 64.39%，绿地率 63.91%，均为全市各区最高。延庆人均公园绿地面积高，城区 9 座公园占区域总面积的 20%，人均公园绿地面积为全市各区最高，是全市的 2.52 倍，是其他四个生态涵养区平均值的 1.86 倍。多年来延庆坚持低密度发展，严格控制建筑高度和体量，街区平均容积率低，城区内视野和开阔性较好，高层建筑少，对城市景观视廊的影响较小，这种“小尺度、慢生活”的城市特点更适合人类居住。

3. 合理化建议

以冬奥会为契机的延庆全域旅游发展建议。

（1）推动旅游向高端化、度假型方向升级。一是强化长城文化旅游的国际化带动。在强化长城国家公园保护的同时，进一步挖掘和释放长城资源优势，丰富长城文化旅游内容，传播弘扬好长城文化价值，展示好大国首都文化形象。同时，要把长城文化作为拓展延庆旅游、提升延庆影响力的重要标志。

二是旅游发展重心聚焦腹地生态休闲。延庆旅游最大的优势在生态，最大的潜力在腹地。加快腹地生态旅游发展，推动生态资源向高端旅游产品转化，满足首都居民生态休闲、度假康养等需求，打造“首都休闲度假的首选地和后花园”，是延庆旅游发展的着力点。

三是强化生态保护下的旅游高质发展。延庆肩负生态保护涵养的重要使命责任，统筹考虑生态环境承载力，旅游发展坚持高端高品质定位，注重高端旅游产品开发运营，合理确定旅游人口承载力，实现旅游发展与人口资源环境相协调。

（2）打造四大旅游主题产品系。延庆旅游休闲产品开发应突出主题化、精品化、系列化，重点打造森林康养度假产品系、冰雪体育体验产品系、乡村田园休闲产品系和长城文化旅游产品系，推动延庆旅游从单点旅游项目向体系旅游产品转变。

①森林康养度假产品系。借鉴德国、日本、韩国等国家森林康养发展经验，依托延庆区森林公园、湿地公园、自然保护区等，打造森林浴康养基地，以此带动康养培训、休闲疗养等新业态发展，吸引聚集康养导游、康养师、康养治疗师等新职业群体。

研究建设森林康复疗养中心、森林养生食舫等，加强与延庆葡萄酒休闲度假和山地户外运动体验相互融合，探索“森林康养＋户外运动＋葡萄酒庄”融合发展的高端度假新模式。

争取北京市支持，设立森林康养专项支持资金，在延庆率先开展森林康养试点，吸引社会资本参与，研究探索康养医疗将纳入工会疗养等政策创新，引导森林康养成为高端人群健康追求新潮流和健康消费新时尚。

②冰雪旅游体验产品系。打造“一个冰雪特色小镇”。依托冬奥延庆赛区建设，高起点规划建设张山营冰雪冬奥特色小镇，实现冰雪旅游体验“由场到镇”的转变，形成以专业运动、休闲活动、温泉养生、特色商业、游览服务和文化节庆为主的六大旅游功能体验产品，将张山营镇打造成全球冰雪休闲度假胜地。

打造“两条延庆冰雪礼物风情街区”。冰雪商业和餐饮娱乐是冰雪旅游重要的元素。比如，法国霞慕尼小镇商业街全长不过 100 米却涵盖了世界大多数的滑雪用品知名品牌；冰雪度假胜地惠斯勒小镇为游客提供多元选择，在 115 家餐厅中有大量世界风味餐厅，夜间娱乐占比不高但却是人气最高的消费场所。建议延庆重点在张山营镇和新城 09 街区，建设两条“延庆冰雪礼物风情街区”，发展冰雪旅游消费“夜经济”。

培育“三个国际冰雪旅游活动品牌”。围绕旅游休闲、文化体验、艺术享受，建议重点策划塑造“延庆国际冰雪旅游节”“延庆国际冰雪艺术节”“延庆国际冰雪创意文化节”三大活动品牌，提升延庆冰雪旅游的体验性和国际影响力。

③乡村田园休闲产品系。结合各镇村资源特点，重点围绕主题特色，四海、珍珠泉、千家店等重点突出乡村观光；旧县、张山营、大庄科等突出运动体验；八达岭、永宁、井庄等突出文化休闲，打造一批高端民宿、乡村庄园、家庭农场、运动营舍等旅游产品，带动山区乡镇发展。

依托延庆葡萄酒特色，加强与怀来联动发展，加快葡萄文化度假旅游发展，引进品酒俱乐部、葡萄酒与艺术品品赏休闲中心、葡萄酒文化博物馆等，合理规划葡萄酒文化旅游线路，将葡萄酒主题旅游打造成延庆乡村旅游特色名片，打造“东方纳帕溪谷”。

推动乡村旅游主体化运营发展，着力提升乡村旅游组织化水平，支持引入旅游专业经营公司、旅游行业协会、旅游合作社等，探索“旅游公司＋合作社＋农家乐”的乡村旅游运营模式，推动闲置农宅整体打造、高端度假品牌塑造、村民参与方式营造，实现乡村振兴、旅游富民。

④长城文化旅游产品系。围绕长城国家公园建设，加强长城旅游容量管理，更好地保护长城遗迹文化，引导长城文化创意、艺术创作等，推动由“景区长城文化”向“广域长城文化”拓展，让长城文化更好地创新传承，将长城文化打造成延庆文化旅游走向国际的“金名片”。

突出“印象长城、开放延庆”旅游主题，加强长城景区与新城城区互动，完善新城旅游酒店等配套服务设施，鼓励社会资本参与开发长城文化演艺等品牌项目，拓展提升长城打铁花等长城文化体验，通过产品服务引导城游客在延庆“多住一晚”，让历史文化长城和国际开放延庆相得益彰。

（3）引进市场化的旅游运营主体。市场主体是旅游业发展的根本，也是延庆旅游升级的重要突破点，但延庆旅游市场化运作方面还面临诸多问题挑战：一是旅游业开放度不够，社会资本引入不足，尤其是有实力、专业化的旅游运营主体进入不多；二是旅游资源开发经营缺乏退出机制，导致部分优质旅游资源未得到持续，比如延庆康西草原；三是在北京生态红线约束和减量发展的背景下，推动旅游市场化开发运营政策有待突破创新。

统筹整合辖区特别是山区优质旅游资源，探索“主体运作、政企合作、跨镇经营”的旅游运营模式，积极引入大型旅游开发运营公司，扶持特色旅游企业，鼓励农村集体经济组织创办乡村旅游合作社，或与社会资本联办乡村旅游企业，培育新型乡村旅游产业组织形态，推动旅游资源合理有度开发，促进镇区、景区融合互动，提升旅游可持续发展能力。

创新实践“拨款变投资，资金变基金”，“以政府投入为导向，社会资本为主力”的财政资金投入思路，市区联动，支持设立“延庆旅游产业发展引导基金”，拓展社会资本参与延庆旅游发展的投融资渠道，支持延庆旅游重大配套服务设施建设和旅游项目运作，促进全区旅游产业转型升级和优质旅游资源整合提升。

强化旅游产业支持政策创新。一方面，加强旅游用地政策创新，支持使用未利用地、废弃地等土地建设旅游项目，鼓励开发旅游项目与土地复垦相结合，促进经济、社会与生态文明相协调；另一方面，探索旅游资源开发经营退出机制，对不按照旅游规划开发建设，造成旅游资源严重破坏或者长期闲置的，依法予以撤销或者收回旅游资源开发经营权。

针对延庆旅游当前面临的缺品牌，宣传定位不明确；缺联动，区域节事活动与旅游品牌宣传营销脱节；缺内涵，旅游节庆活动特色不突出；缺运作，宣传效果差等问题，未来发展要强化旅游宣传与定位转变相结合，凸显延庆休闲度假康养旅游形象。围绕冬奥会等绿色大事，超前谋划，研究形成延庆旅游国际营销方案，全面推广延庆旅游；研究整合现有旅游活动，重点着力打造 2 个或 3 个品牌活动，完善品牌持续推广体系，提升影响力；转变政府包揽运作方式，采取政府引导、企业主体方式参与旅游活动宣传和旅游品牌运作。

（4）构建高品质旅游配套服务体系。高端旅游消费和体验关键在于高品质的配套服务。当前延庆旅游配套服务体系不完善，服务水平低，高品质服务配套不足，既难以满足冬奥会等服务保障要求，又难以支撑未来旅游高品质发展。

①住宿提质。“升级、改造、新建”相结合，在城区和部分景区周边合理布局不同容量、不同消费水平的住宿设施，形成标准化的住宿服务体系。改建提升一批延庆星级酒店、精品酒店，合理规划五星级高品质酒店，积极引入高档民宿运营主体，打造一批主题化、度假型乡村酒店。

②设施提升。坚持人性化方向，提升旅游厕所、旅游交通、停车等设施。一方面，全面推进“旅游厕所革命”，采取“新建与改建结合，养护与提升并举”方式，分类分阶段实施全区旅游厕所改扩建和新建工程，实现 A 级旅游厕所全覆盖；另一方面，注重环保设计，在冬奥会场馆附近及有条件的景区适量建设林下停车位、草地停车位、太阳能停车棚等生态化停车设施。另外，完善景区“小交通”如电瓶车、观光巴士等，加强景区“小交通”与城区“大交通”的衔接。

③服务提档。完善旅游标识系统、提高导游服务质量，增强延庆全国旅游标准化示范区服务能力。一是在城市道路、旅游集散地、重点旅游景区景点、宾馆饭店、商业街区、公园广场、旅游集散咨询中心等地，加快完善多语言、国际化旅游标识系统；二是加强对导游进行业务知识和职业技能培训，培养一

批国际化、专业化的旅游导游队伍；三是推动农家乐、民俗旅游户和乡村精品酒店标准化建设，提升乡村民宿服务水平。

④平台提级。加强景区、餐饮住宿、特产店和导游、旅游交通等旅游要素资源互联网化整合，打造延庆旅游目的地智慧管理平台和品牌营销平台，实现旅游“线上＋线下”融合发展。以建设智慧旅游交通系统为切入点，全面推行“互联网＋骑行”“互联网＋巴士”“联网＋出租车”等项目，实现智慧旅游交通服务全覆盖。

本文参考文献

[1] 奚国泉，李岳云．中国农产品品牌战略研究［J］．中国农村经济，2001（09）：65-68.

[2] 郭守亭．对我国实施农产品品牌工程的几点思考［J］．农业经济问题，2005（12）：61-64.

[3] 干经天，李莉莎．论区域品牌农业［J］．农业现代化研究，2003（05）：356-359.

[4] 胡正明，王亚卓．农产品区域品牌形成与成长路径研究［J］．江西财经大学学报，2010（06）：64-68.

[5] 马清学．农产品区域品牌建设模式研究［J］．河南师范大学学报（哲学社会科学版），2010，37（01）：142-144.

[6] 任强．我国农产品品牌建设的现实问题与对策［J］．改革与战略，2010，26（05）：117-119.

[7] 陈莉．农产品品牌对奥运资源的利用与开发［J］．农业科技与信息，2008（08）：7-8.

[8] 金丽馥，邹时建，李明宇．2008年奥运会与中国农村经济的发展［J］．调研世界，2006（09）：43-45.

[9] 许建起，张楚晗．北京奥运促进农业品牌乘势崛起［J］．中国老区建设，2008（08）：15-17.

[10] 陈莉．农产品品牌对奥运资源的利用与开发［J］．农业科技与信息，2008（08）：7-8.

[11] 孙葆丽，罗乐，徐达．青奥会和奥运会与经济互动关系之比较［J］．北京体育大学学报，2013，36（05）：1-6.

[12] 黄文卉，奥运经济学［M］．北京体育大学出版社，2008.

[13] 王家宏等，文化视野下的奥林匹克［M］．北京体育大学出版社，2007.

[14] 匡导球．青奥会的品牌理念与品牌价值初探［J］．南京社会科学，2011（10）：9-16.

[15] 徐彩明，于晓明．我国大型体育赛事微博营销公众参与意愿影响因素研究［J］．体育与科学，2015（01）：59-65.

［16］宋保安．大型体育赛事后期门票营销策略研究［J］．山东体育学院学报，2010（12）：26－30.

［17］田静，徐成立．大型体育赛事影响城市发展评价指标体系的建立及实证分析［J］．上海体育学院学报，2011（03）：7－13.

［18］王智慧．大型体育赛事举办后对承办地区居民幸福指数影响的实证研究［J］．体育科学，2012（03）：28－38.

［19］张业安，肖焕宇，冉强辉．大型体育赛事媒介传播效果影响因素的多维考察［J］．体育学刊，2013（01）：38－43.

［20］赵倩．我国电视观众对体育赛事赞助认同度的比较研究［J］．沈阳体育学院，2013（02）：51－54.

［21］肖锋，沈建华，刘静．举办大型体育赛事对城市旅游的影响［J］．沈阳体育学院学报，2004（06）：769－771.

［22］罗秋菊，卢相宇．大型体育事件游客消费经济影响实证研究——以第16届广州亚运会为例［J］．体育科学，2011（09）：3－18.

［23］王仁周，朱志强．冬季奥林匹克运动［M］．北京：人民体育出版社，2005：1.

［24］邱招义，陶永纯，周瑾，等．我国2022冬奥会战略选择及项目布局的研究［J］．北京体育大学学报，2016，39（09）：126－131.

［25］邓小艳，邓毅．大众旅游背景下旅游供给侧改革策略研究［J］．行政事业资产与财务，2016（16）.

［26］唐雯，史玉江，张运龙，冯丽莎．京津冀体育旅游经济圈发展思路探索［J］．经营管理者.2010（05）.

［27］张颖慧，姚芹，李南筑．上海体育赛事发展的国际比较——以与纽约、伦敦、墨尔本的比较为例［J］．体育科研，2010（01）.

［28］陈丹，赵海燕．世界竞技体育实力空间自相关分析——基于第1～30届夏季奥运会成绩［J］．中国体育科技，2015，51（05）：13－17，36.

北京市居民京郊旅游消费行为分析

——以通州区为例

学 生 姓 名： 绳雨晴　胡子琪　宋和平
指导教师姓名： 李玉红

摘　要： 京郊旅游的发展对国家社会、经济、环境和文化产生了深刻的影响，而消费者行为正是京郊经济发展不可或缺的关键因素。本文基于消费者视角对京郊旅游进行调研，以北京市通州区为例，通过对消费者主体、消费行为、关注程度、获取信息渠道、京郊旅游类型选择、消费动机、消费时机选择等问题以调查问卷的形式深入研究发展现状，并对数据做出分析报告，为北京市的郊区旅游的发展提出解决措施。本项目研究的是一个与我们农业院校关系密切的题目——北京市的京郊旅游。当下经济发展迅速，外出旅游的次数越来越多，郊区休闲旅游也慢慢成为年轻人的选择，在寸土寸金的北京市，如何能够发展好郊区旅游农业，目前的京郊旅游又存在着怎样的问题，笔者认为这是值得研究的。通过调查找到目前北京市郊区旅游存在的问题，并给出相关建议，为北京市农业发展贡献微薄的力量。

关键字： 京郊旅游；消费行为；北京市通州区；发展现状；解决措施

一、绪论

近年来，通过不断培养，北京市已形成由郊区景区、民俗旅游村、休闲度假村、观光农业示范园以及郊区节事构成的乡村旅游产品体系。北京郊区景区数量众多、类型丰富。

从分布来看，郊区景区分布呈现北密南疏、西强东弱的特征。重自然景源的乡村景区近郊很少，中郊区集中，形成从北京正北方向延伸到西南方向的环形风景名胜区带；重人文景源的乡村景区近郊集中，以博物馆、游乐园为主，远郊以长城、陵寝、宗教文化景区为主。京郊旅游的蓬勃发展引起了学术界的高度关注，从已有的研究成果看，将郊区旅游与心理学、行为学相结合的研究较少。北京市通州区拥有众多的乡村旅游者，因此本节旨在通过对北京市通州区京郊旅游消费者行为的研究为例，归纳总结北京郊区旅游市场的需求，使京郊旅游得到更好的发展。

京郊旅游消费者是京郊旅游活动的主体，要发现京郊旅游发展中存在的问题，使郊区旅游更好更有序的发展，就必须对其主体做深入研究。北京市通州区拥有众多乡村旅游景点，以北京市通州区三处景点为例，调研相关资料与信息。本研究采用随机访谈与问卷调查等方法来获取原始资料与信息，选取布拉格农场、大运河森林公园和台湖第五生产队农村生活实践园的游客作为主要的调查对象，采用当场随机发放当场回收的方法，共发放并回收问卷 200 份，对回收的问卷进行有效地筛选，剔除无效问卷，保留有效问卷 187 份，问卷有效率为 93.5％。通过调研，了解北京市郊区旅游业的发展现状，分析北京市郊区旅游消费者的主体、消费者的消费行为、影响消费的因素，最终以论文的形式呈现出北京市郊区旅游业的现状、问题和对策，从而能够更好的管理和发展北京市郊区旅游业。

通过参考北京有关京郊旅游消费行为的文献资料，并结合北京市通州区京郊旅游地的实际，分析当地京郊旅游消费者的行为与人口统计学特征如性别年龄受教育程度、旅游动机、决策与消费行为和偏好等之间的内在联系，找出存在问题，结合实际从中发现旅游消费者行为规律，从而为京郊旅游设施的建设、项目的开发、客源市场的促销提供理论指导与建议。

二、京郊旅游调研结果分析

（一）消费者行为理论研究

消费者行为指的是一般消费者在进行购买活动中所表现出来的有目的、自觉的支配、调解和控制自己的行为，并努力排除各种内在的以及外在的因素对其行为产生的影响，进一步实现完成特定的购买目的。

（二）影响消费者行为的因素分析

影响消费者行为的主要因素有以下几个方面：一是政治因素，是指一个国家以及地区所奉行的社会政治制度，它对消费者的消费方式、消费内容、消费行为的影响，如我国是社会主义国家，我们的商品生产和商品交换都要符合社会主义的政治、文化和道德原则；二是国家政策，国家政策提倡以及反对什么都会对消费行为产生的影响，如曾经我国一定时期里，广大消费者无论男女老少对于“干部服”“解放帽”消费需求有大幅度的上涨；三是文化因素，通常指的是人类在社会历史上所能够创造出来的一切物质财富以及精神财富的总和，如我国有56个民族，在一些少数民族聚居地例如宁夏回族自治区、新疆维吾尔自治区等，会有其特有的消费品需求；四是社会因素，即消费者所处的群体、家庭、社会角色与地位等，明显表现在不同层级人的消费方向的不同，如奢侈品的消费更多集中于较富有人群中；五是个人因素，购买者的年龄、职业、经济状况、生活方式、个性以及个人意愿等，在不同的生命阶段，人们对食品、服装、家具的需求是不同的。

（三）样本的人口统计变量特征

1. 问卷发放与回收

以通州区京郊旅游为例，设计相应的调查问卷，通过微信、百度贴吧等网络平台发放电子问卷与实地发放的形式，对不同年龄、不同职业、不同性别、不同收入的游客进行了问卷调查，进行了有关个人基本特征和可能影响参与意愿因素的调查。

2. 问卷结果统计

在受访游客中，男性游客占54.01%，女性游客占45.99%，男性稍多于女性；年龄分5个层次，14岁和不足14岁的占4.30%，15～24岁的占27.30%，25～44岁的占50.70%，45～64岁的占13.40%，65岁以上的占4.30%，中青年游客占多数；在受教育程度方面，初中以下的占4.20%，初高中学历的占18.70%，大专学历的占47.60%，本科及以上学历的占29.50%，大多数游客都具有大专或以上学历，说明游客的受教育程度较高（见图1）；在月收入水平方面，无固定收入的占22.50%，4000～6000元的占13.40%，6000～8000元的占28.30%，8000～10000元的占25.10%，10000元以上的占10.70%，说明进行乡村旅游的旅游者的收入属于中等水平，之所以出现月收入1000元以下的游客占到了1/5以上，是因为在参与郊区旅游的游客中有相当一部分游客是当地就读的学生，他们还没有工作，因此没有较多的收入（见图2）。

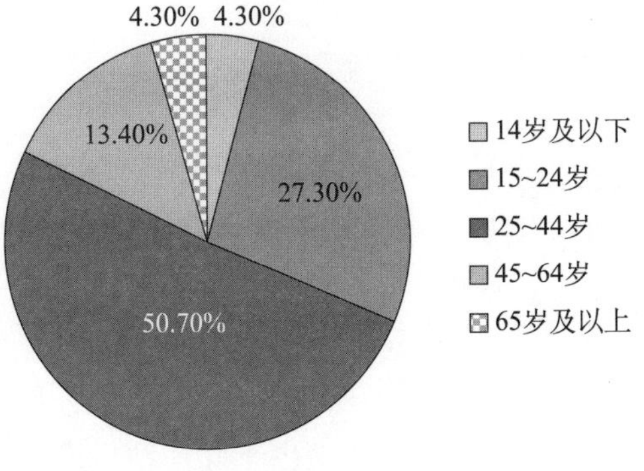

图1　消费者年龄分布

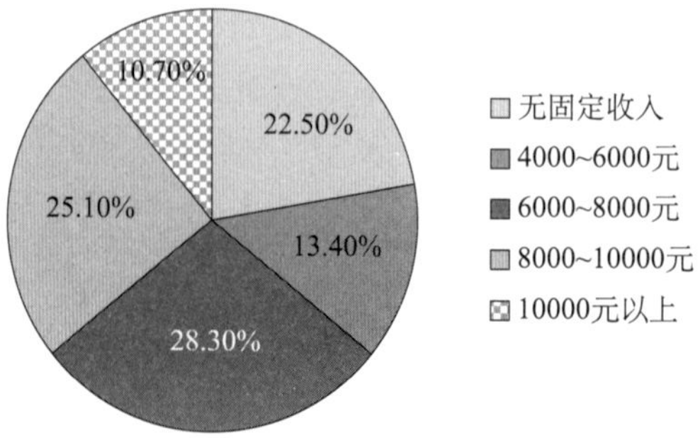

图2　消费者收入

（四）消费者出游动机分析

人们的任何行为都由动机直接引起，因此研究旅游者行为也必须要研究其出游动机。本项研究将京郊旅游消费者的出游动机划分为四类：舒解压力、放松心情；亲近自然、增长见闻；参与农事、体验劳作、感受乡村生活方式；品尝、购买农副产品（见图3）。

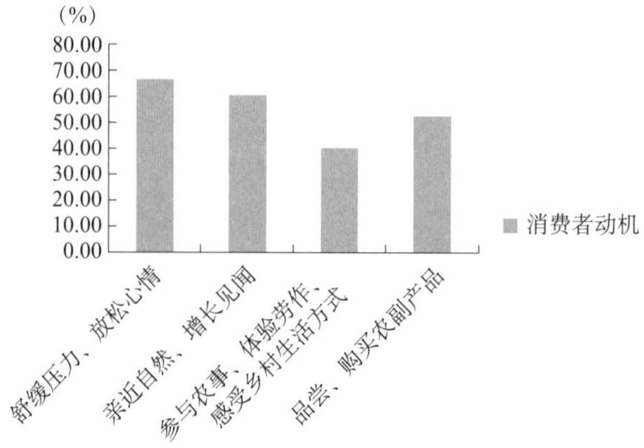

图3　消费者动机

1. 舒解压力，放松心情

现代的城市居民可以说是生活节奏紧张、社会竞争激烈、工作压力大、生活居所拥挤喧嚣，许多人都希望能够摆脱这样的生活状态，到一个安静、优美、开阔的环境中去放松自己、释放压力。在这样的心境下，许多人选择到郊区去旅游，去切实感受一下森林、农田，听听鸟鸣，闻闻花香，真正体会乡土的气息。在此次调查中，有66.80％的游客是出于此种动机而选择乡村旅游的，他们希望通过这样的旅游能够达到舒解压力，放松心情的目的。

2. 亲近自然，增长见闻

亲近自然是人们固有的情节，人们渴求着一种能够亲近泥土的生存环境，渴求体验异地文化与返璞归真的放松生活，而现代城市无法满足人们的这种需求。乡村却以其优美的自然环境，浓厚的乡村野趣，弥补了城市的不足。再加上乡村新奇的农事活动，丰富的乡村文化更是能够增长人们的知识，满足了人们的求知欲。乡村日益成为城市居民原始梦幻的家园，激发起人们强烈的郊区旅游动机。此次调查中，有61.20％的游客希望通过郊区旅游来获得亲近自然、回归自然、增长见闻需求的满足。

3. 参与农事、体验劳作、感受乡村生活方式

生活在城市中的居民，虽然其祖先都生活在乡村，但他们却已经脱离开农业活动很久了。很多农事劳作已不为他们所熟悉，而“采菊东篱下，悠然见南山”的田园生活却依然被其所向往。通过调查，有40.30％的游客有此动机。

4. 品尝、购买农副产品

绿色食品的推崇，使城市居民把目光瞄向农村，纯天然、纯绿色的农副产品也成为乡村旅游的一个卖点。秦皇岛每年樱桃成熟，葡萄成熟的时候，望峪山庄、葡萄沟、鲍子沟都会迎来许多游客，有部分游客是出于吃农家饭，增进感情为目的的。在此次调查中，有52.80％的游客是出于此动机。

在此次调查中发现，游客的行为并不是由单一动机引起的，而是多种动机共同促进的。

（五）消费主体及获取信息的主要渠道

人们在采取任何行为之前，都会通过各种渠道来获取相关信息。一般来讲，旅游者搜索旅游信息时往往通过外部渠道获得。消费者获得外部信息来源主要分为四个类型：个人来源（如来自亲朋好友的建议）；营销者主导来源（如宣传手册、广告印刷品等）；中立来源（如旅行社）；经验来源（如视察、购前访问）。

在本次调查中，通州区郊区旅游消费者中有51.30％的游客是听取了亲朋好友或同事同学的建议来决定其旅游行为的；28.30％的游客是通过大众媒体、新闻报道或广告宣传来获取相关信息的；17.10％的游客是利用互联网获取信息；5.00％的游客是通过旅行社了解相关信息。调查数据显示，通州区郊区旅游消费者获得旅游信息大部分是来自个人，但互联网有很大的影响趋势，值得引起经营者的关注（见图4）。

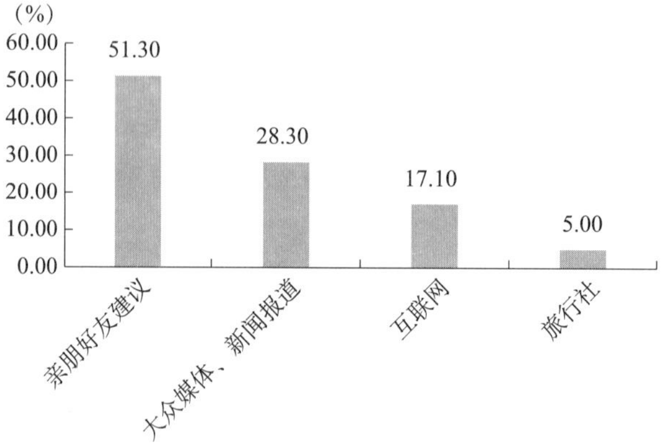

图 4　消费者获取信息渠道

（六）消费者对京郊旅游类型的选择

调查结果显示，去度假村的游客、民俗村与农家乐的游客较多，而去农业基地观光、采摘的较少。其原因主要是休闲农业基本以乡村企业或农民自主开发为主，缺少整体规划和科学论证，多数观光农业区设施简陋、生态、文化内涵不够，市场定位不明，营销传播不到位，缺乏吸引力。而在美国和日本，采摘品尝型都市农业很发达，如美国的商业农场建在城郊附近，市民可以通过采摘、种植、观光等形式参与农业活动，实现门对门的产品服务，从而获得长期稳定的收益（见图 5）。

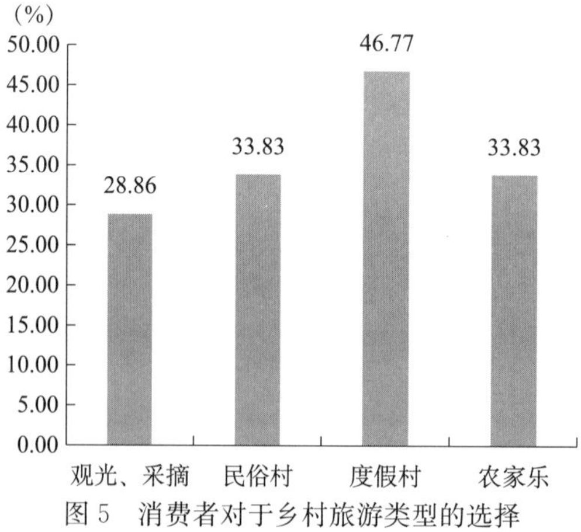

图 5　消费者对于乡村旅游类型的选择

（七）出游方式与交通工具的选择

出游方式一般可以分为参加旅行团和自助旅游。旅行团是一种先付款后消费的旅游模式，是旅行社的商业活动主要收入来源。自助旅游则是自费到外地，自费包车、租车或自驾车、自己设计行程等。在此次调查中，通州区郊区旅游消费者中有 87.10％的游客选择自助旅游，参加旅行团的有 2.70％，另外 10.20％的游客是由单位组织出游的。调查结果显示，通州区郊区旅游消费者中大部分游客喜欢选择自助游（见图 6）。

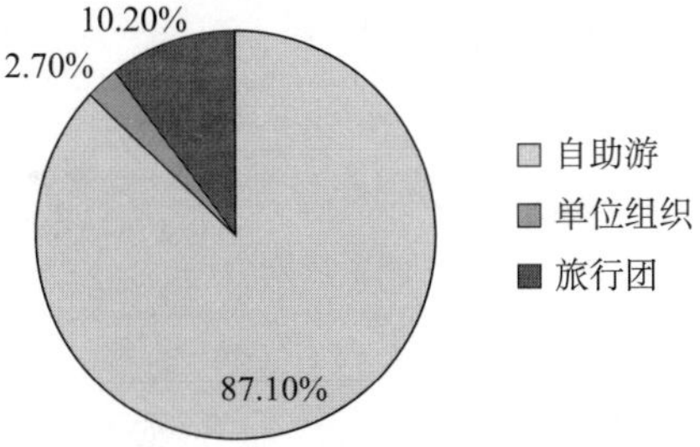

图 6　消费者出游方式选择

外出旅游必然需要利用各种交通工具，在受访游客中，有 43.90％的游客选择自驾车；35.80％的游客选择公共交通工具；9.10％的游客租车；2.70％的游客利用旅行社的旅游车；还有 8.50％的游客选择其他交通工具。此调查数据显示，在京郊旅游消费者中，游客更加倾向于自驾游。这是因为一方面私家车拥有量增多；另一方面是参郊区旅游的多为当地居民和周边地区的居民，往往旅途较近（见图 7）。

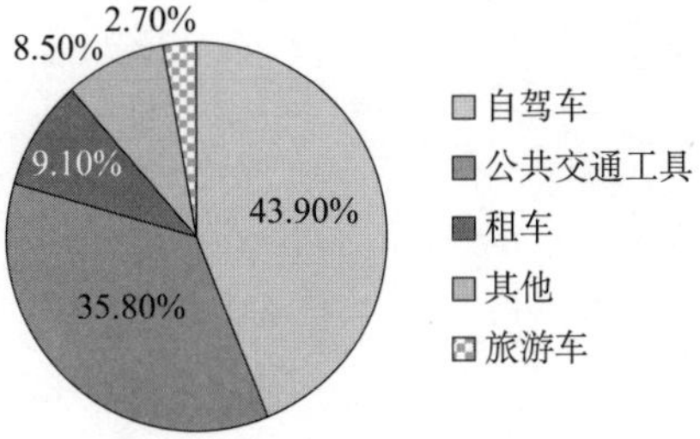

图 7　消费者交通工具的选择

（八）逗留时间与住宿的选择

逗留时间是游客在旅游目的地的停留时间，这直接影响到目的地的住宿业和经营者的收入水平。在此次调查中，71.10％的游客选择“一日游”，25.10％的游客选择逗留两日，只有 3.80％的游客希望在目的地逗留 3 日或 4 日。在与游客随机访谈中，游客表示之所以选择“一日游”主要是因为本身就是当地居民，当日可以返回，而且表示没有更多的旅游产品值得留宿再消费，玩一天足够了，说明旅游产品较为单一（见图 8）。

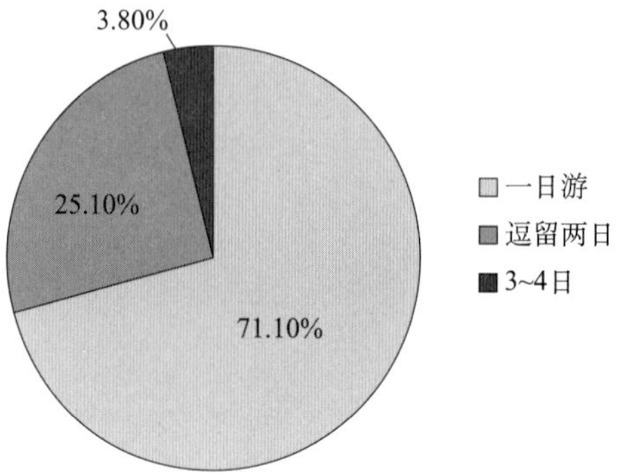

图 8　游客逗留时间

逗留时间的长短直接影响到旅游者对住宿的选择，因为 71.10%的游客是一日游游客，所以不在外住宿；17.10%的游客选择住宿在当地的家庭旅馆；8.60%的游客会直接住在当地农民家中，他们表示之所以做这样的选择，是想真正体验一下农村的生活方式；只有 3.20%游客选择住宿酒店。因此，通州区在发展郊区旅游业的时候，一方面要开发更多更有特色的旅游产品以吸引旅游者，增加过夜游客的比例；另一方面在住宿的建设方面不要盲目发展，要适度，以免造成浪费（见图 9）。

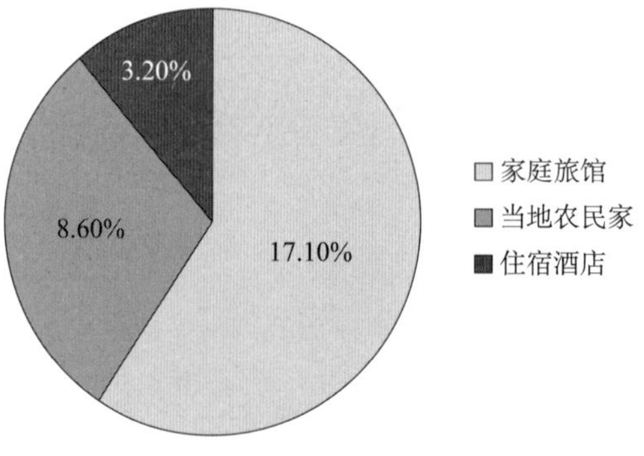

图 9　消费者住宿选择

（九）消费时机选择

在出游时间的选择上，在周末和法定假日出游的比例分别为 38.81%、40.80%（见图 10），说明城市人生活节奏较快，只有在周末或法定假日才有条件出游。一般的乡村旅游所需的时间不长，能满足这一需要。调查结果还显示，该地区郊区旅游存在明显的季节差异。选择在春、夏季出游的消费者比例分别是 59.70%和 53.73%，只有 16.92%和 9.45%的游客选择在秋、冬季出游。通过一对一访谈得知，对于喜欢挑战刺激的人群来说，冬、秋两季一样令他们心驰神往，如何在淡季开发这部分消费群体的需求，未来大有可为（见图 11）。

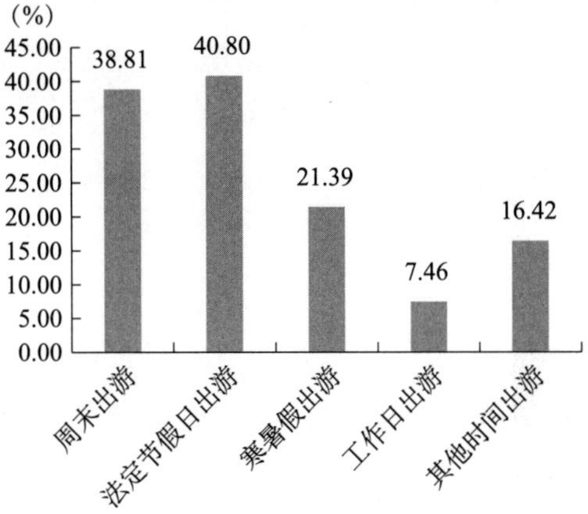

图 10　消费者出游时机

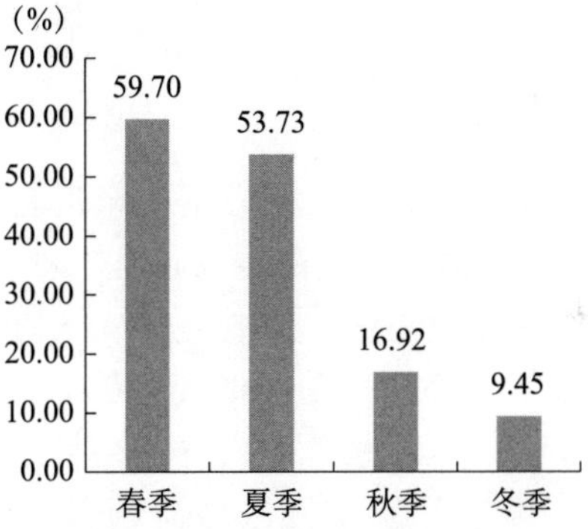

图 11　消费者出游季节的选择

三、存在亟待解决的问题

找出影响北京市京郊旅游消费者消费行为的因素，从而可以为更好地管理和发展北京市京郊旅游业提出建议。归纳出本项目要解决的问题有如下几点：

1. 京郊旅游消费者的动机

由于京郊旅游不需要大兴土木和投入巨资培植景观，而是从当地农业自然资源和社会资源出发，利用自身优势提供产品，而城市旅游人工景观多，花费的人工成本高，因此，京郊旅游的价格定位过高的问题需要解决，定位应低于城市旅游产品价格。

2. 京郊旅游产品的吸引力问题

据了解，大量游客在进行京郊旅游时选择逗留的时长仅一天，经营者应结合当地资源，开发出新颖有趣的新项目来吸引游客长久逗留。

3. 了解京郊旅游景观信息问题

京郊旅游者获得京郊旅游景观的信息来源少、景观宣传信息不具体，旅游者无法了解充足，影响来客数量，且宣传方式少，宣传效果不显著。

四、结论和建议

1. 结论

调研结果显示，与家人和朋友一起出游为北京地区郊区旅游的典型特征，消费者大多以放松心情和体验大自然为出游目的，且主要在周末或法定假日出游。这说明该地区休闲农业以亲友市场、私人消费为特征，消费者具有较强的求廉、求便动机。消费群体呈现年轻化（19～35 岁的消费者占比 64.29%）与知识化（90%以上消费者属高中以上教育水平）特征。大部分消费者通过他人介绍或网络获取旅游信息，旅游目的地以度假村、民俗村与农家乐为主，去农业基地观光、采摘的人较少。

2. 对策建议

此次调查结果显示，舒解压力、放松心情，亲近自然、是人们选择京郊旅游的主要动机；人们在选择京郊旅游目的地时往往选择旅途较近的周边旅游地，通常当日返回，尽量不在目的地住宿；旅游方式一般选择自助游，与家人、朋友一同前往。通过此次调查，我们发现了北京市在发展京郊旅游方面存在的一些问题，比如旅游产品单一、客源地单一、游客在目的地消费不多、旅游基础设施仍需进一步改善等。为了北京市郊区旅游的更好发展，特提出如下几点建议。

（一）发展京郊旅游要保持原有的乡村性

京郊旅游作为一种新型的旅游方式在近几年受到游客的喜爱，得到迅猛地发展，其中一个很主要的原因就是郊区的纯自然性，其浓郁的森林、广阔的田地、清新的空气会使生活在城市中的居民暂时摆脱掉生活工作中的焦虑、紧张、烦躁。所以发展郊区旅游一定要保持乡村原有的风貌，尽量减少人工的痕迹，这样的旅游资源才会更富有吸引力。

（二）开发多样化的旅游产品

在调查中发现，导致京郊旅游消费者中“一日游”游客较多的一个原因就是旅游产品过于单一，除了观赏、采摘、吃农家饭之外基本上没有其他的产品，而且各个旅游景点在旅游产品上面基本相同，使游客没有更多的旅游消费兴致。

因此在发展乡村旅游方面一定要开发更有特色的旅游产品，比如开发体验农事游，游客亲自播种施肥浇灌，亲历挥汗如雨的感受，体验“锄禾日当午，汗滴禾下土”的劳作艰辛，会使游客在劳作中体会到更多的快乐，而且增加了在书本上学不到的知识。作为京郊旅游经营者一定要开发新的旅游产品才能吸引更多的游客，才能带来更多的消费，带来更多的经济效益。

（三）改善交通条件，合理建设停车场

调查结果显示，随着私家车数量的增多，在京郊旅游消费者中，选择自驾游的游客居多。但通过访谈发现交通拥挤，道路窄小，停车场不足是困扰这些游客的主要问题。比如前往龙潭峡的路就较窄，错车都有困难。因此，在发展郊区旅游时，政府应将新农村建设的优惠政策向其倾斜，改善交通条件，提高旅游的可进入性。另外，旅游目的地的停车场建设不足，应该根据客流量、车辆情况合理地建设停车场。

（四）注重游客体验，树立旅游品牌

调查结果显示，多数游客是通过亲朋好友获得旅游信息的，因此游客的体验至关重要。游客会带着自己的旅游体验作为宣传者把旅游产品宣传出去，而且在宣传过程中，都有一个适当放大的现象，也就是把好的说的更好，坏的说的更一无是处，所以京郊旅游经营者应该注意尽量提高自己的旅游产品的品质，树立好自己的旅游品牌，增强旅游消费者好的旅游体验，这会有利于自己旅游产品的推广。

（五）注重旅游网站的建设，充分利用互联网进行营销

随着互联网的普及，人们越来越多地利用网络来了解各种相关信息，对于旅游也不例外。这对于乡村旅游经营者来说是一个契机，利用好互联网展开营销可以达到事半功倍的效果。一方面可以自建网站，发布旅游信息；另一方面可以在其他网站做广告，宣传自己的旅游产品。

（六）细分市场，找准定位

从本调研结果来看，京郊旅游可以分为亲友休闲市场和商务休闲市场两类，前者对价格的敏感度较高；后者对配套服务要求较高，而价格敏感度较低。针对该市场以私人消费为主的特征，其定位应以经济型、传统乡村民居为主，既让顾客体验到乡土气息，又减轻了其价格敏感度。亲友市场中有两个子群体有可能培育成中高端消费者：一是白领阶层（主要包括干部、教师、医生、公务员等），有较好的文化修养和经济基础，享受闲暇的意愿较强。追求品位、文化

底蕴与个人空间，可以承受一定溢价；二是独生子女，受过较高教育，观念超前，收入增长潜力大，追求自我，热衷冒险。

（七）淡季营销，调节需求

京郊旅游随季节、节假日等时间因素的变化会出现淡、旺季的波动，其营销策略也应随之调整，以平衡供求缺口。随着旅游业的发展和人们消费心理的不断成熟，一些消费者开始把天气看成是次前提，首要考虑出游的自由度、舒适度和优惠度，理性地选择在淡季出游，既可享受价格实惠，又可避开客流高峰期，有充足的游览时间和观赏景点。因此，企业可通过制定季节性折扣政策，开发新的淡季旅游产品，如温泉度假、艺术节、会展、冬季运动、民俗节庆等，以增强淡季消费的吸引力。

本文参考文献

［1］肖文金．长沙市农家乐旅游 SWOT 分析及其营销对策［J］．湖南商学院学报．2018，15（01）：65－68.

［2］王术通．京郊旅游何去何从［J］．投资北京，2014（10）：24－26.

［3］殷敏．京郊旅游刍议［J］．北京第二外国语学院学报，2014，36（05）：85.

［4］屠爽爽，宋书巧，张建勇，林晓英．基于消费者行为的乡村旅游开发实证研究——以广西北流市罗政村为例［J］．广西师范学院学报（自然科学版），2008（03）.

［5］邹统钎．乡村旅游理论·案例．天津南开大学出版社，2008.

［6］杨丽华，尹少华，王俊增．长沙市乡村旅游消费者行为调研［J］．林业经济问题，2010（03）.

北京市居民健康食品选择的影响因素研究

学 生 姓 名：刘昊宇　张敦键　段连茹　潘良丽　姚静婷
指导教师姓名：李婷婷

摘　要：本文以影响消费者选择健康食品的因素为起点，结合北京市居民的实际情况进行调查研究。健康食品已经逐渐成为消费者购买的新趋势。随着国家社会经济、科学、文化的不断发展，居民生活水平的提高，消费者对健康食品的需求逐渐增加。此次的研究调查就是以消费者的视角，剖析购买之后的影响因素，对影响因素进行深层次的分析，厘清影响因素的强度与影响方式。旨在为健康食品的营销策略制定、健康食品企业生产方向提供依据为研究目标。

关键词：居民消费；健康食品；影响因素

一、文献综述

随着居民收入水平的不断提高，民众对健康食品的需求也日益增强。据相关研究数据表明，当前消费者，特别是城市消费者在选购食品时，愿意为健康食品的溢价支出。北京作为一线城市的代表之一，该地域内消费者收入水平高，对健康饮食等观念也有较为普遍的认识，其潜在消费市场巨大。如何制定合适的健康食品营销战略来开拓此市场已成为当前健康食品制造企业急需解决的问题。本项目研究所得结果，可为健康食品生产企业在产品生产方向、市场细分、产品定价等方面提供参考意见，对企业了解市场所需，抢占市场先机具有重要意义。

目前为止，健康食品的购买因素类研究已做了较为全面的探讨，但通常做法为研究其中一个或某几个因素，如王文化等[1]研究了经济收入这一因素对居民食品消费观念和行为的影响；杨肖丽等[2]分析了有机农产品购买行为差异及成因。目前健康食品定义尚不明确，若以健康食品的功能来划分，其可分为营养补充型、抗氧化型（延年益寿型）、减肥型、辅助治疗型四大类食品；若按照健康食品安全性概念来划分，则可以分为无公害食品、绿色食品、有机食品、绿色无公害食品四大方面。不同的健康食品内涵甚至会导致某些方面的研究出现分歧。正是这些问题促使我们有必要对北京这一特定区域下居民对健康食品的选择开展进一步研究。

二、项目基本情况

1. 内容

此项目将通过文献梳理汇总出影响消费者健康食品选择的基础因素，通过问卷调查的形式，对北京市城区与郊区/城市副中心居民进行抽样调查。利用参数估计、方差分析、相关分析等统计学工具对调查数据进行处理，进而得出并分析影响北京市居民健康食品选择最为重要的内外部因素，从而为健康食品在北京市这一特定区域范围内营销策划提供参考建议。

2. 目标

本项目以影响消费者对健康食品选择的影响因素为起点，结合北京市居民实际情况，以消费者行为视角剖析购买行为背后的动机，旨在为健康食品营销策略制定、健康食品企业生产方向提供依据为研究目标。

3. 要解决的问题

在了解北京居民健康食品选择的基本状况和特点的同时，着重探讨消费者对健康食品选择最为重要的几大影响因素，这是本小节拟解决的关键问题。在此基础上试图构建一个基于北京居民的健康食品选择影响因素理论模型。最后，通过上述研究，提炼研究结论，为相应营销策划提供理论建议。

4. 主要特色

本小节以消费者行为理论为主、效用理论、信息不对称理论为辅等相关理论为基础，采用定性和定量相结合的研究方法，对健康食品的消费者认知水平、支付意愿、购买行为特征以及影响购买行为的因素结合北京市这一特定地域范围进行深入系统的研究。可能的创新之处主要呈现在以下几个方面。

本项目在对健康食品这一较为宽泛的概念进行分类整理后，对各类健康食品的消费者选择影响因素做了较为系统全面的归纳与调查论证。

在充分掌握健康食品选择影响因素的基础上，独创性地结合北京市这一特定市场环境，通过实地调研获取的数据进行统计分析，探究影响北京市居民健康食品选择的内在因素。

由于信息不对称客观存在于健康食品市场，因此本项目从信息不对称视角，结合调研数据，构建健康食品消费的效用模型，采用均衡分析法和比较分析法，分析健康食品类标签、营销广告等外部因素对北京市居民对健康食品的选择决策所产生的影响，探讨健康食品选择行为的客观影响因素。

5. 项目成果

通过对正式调查数据进行单因素方差分析和LSD多重比较，得出健康食品消费者偏好在性别与学历变量上的差异，分析结果如下表所示（见表1）：

表1　　健康食品消费者偏好差异

	健康意识	行为动机	个体偏好
性别	×	女性受激励较男性显著	在外观包装方面存在差异
学历	高学历健康意识较强	高学历自我控制导致的健康食品消费明显	×
年龄	大龄消费者健康意识显著高于低龄消费者	大龄消费者出于对家庭因素考虑的健康食品选择	大龄消费者偏好新鲜与营养，低龄消费者偏好口感与包装档次
收入	高收入消费者健康食品选择高于低收入消费者	低收入消费者出于炫耀性因素购买，高收入消费者出于实用	×

注：×表示无显著差异。

这次的调研结果总体来看影响北京市居民健康食品选择的主要因素主要由9部分构成。涵盖性别、学历、年龄、收入四大基本方面，以及在此基础上与消费者行为有关的健康意识、行为动机和个体偏好。根据上述调查结论来看，健康食品生产厂商应将健康食品市场划分为年轻消费群体、中年消费者群体、高端健康食品与大众型健康食品几大细分市场，在此基础上结合不同类型消费者予以不同包装形式，以此促进消费者对产品的购买。

三、样本描述

本次调研共发放调查问卷548份，收回348份，剔除当中敷衍了事或答案明显前后矛盾的无效问卷6份，最后总共得到342份有效问卷。样本数据整体分布情况见下表（见表2）。

表2　　样本数据整体分析情况

正式问卷调查有效被试情况汇总表（n=342）			
线下超市途径问卷（n=148）			
项目		频次（人）	百分比（%）
性别	男	112	75.70
	女	36	24.30

续表

项目		频次（人）	百分比（%）
年龄	18 岁及以下	2	1.40
	18～25 岁	14	9.50
	26～35 岁	110	74.30
	36～45 岁	8	5.40
	46～55 岁	2	1.40
	55 岁及以上	12	8.10
学历	高中	2	0.58
	大学	64	43.24
	研究生	48	32.40
	研究生以上	34	23
收入区间（元/月）	4000 元以下	10	6.80
	4001～5000 元	10	6.80
	5001～6000 元	20	13.50
	6001～7000 元	16	10.80
	7001～8000 元	10	6.80
	8001～9000 元	20	13.50
	9001～10000 元	16	10.80
	10001～12000 元	14	9.50
	12001～15000 元	14	9.50
	15001～17000 元	4	2.70
	17001～20000 元	8	5.40
	20000 元以上	6	4.10
网络途径调研样本（n=194）			
性别	男	96	49.50
	女	98	50.50
年龄	18 岁及以下	10	5.20
	18～25 岁	20	10.30
	26～35 岁	22	11.30
	36～45 岁	38	19.60
	45～55 岁	52	26.80
	55 岁及以上	52	26.80

续表

项目		频次（人）	百分比（%）
学历	大学	100	51.50
	研究生	90	46.40
	研究生以上	4	2.10
收入区间（元/月）	4000元以下	50	25.80
	4001～5000元	60	30.90
	5001～6000元	28	14.40
	6001～7000元	24	12.40
	7001～8000元	16	8.20
	8001～9000元	16	8.20

四、关于北京市居民购买健康食品的影响因素的一些简单分析

1. 基于性别的差异性分析

对不同性别的健康食品消费者在健康食品外观包装因素上进行单因素方差分析，具有显著差异的结果见表3：

表3　不同性别的健康食品消费者在外观包装因素上的分析差异

单因素方差分析

项目		平方和	df	均方	F	显著性	性别	均值
外包装含有“健康、低热量等”字样	组间	9.777	1	9.777	6.754	0.011	男	3.63
	组内	104.236	72	1.448			女	2.78
	总数	114.014	73					
采用色彩鲜艳的包装	组间	13.730	1	13.730	7.745	0.007	男	2.61
	组内	127.635	72	1.773			女	3.61
	总数	141.365	73					
采用小分量的包装	组间	2.987	1	2.987	4.764	0.032	男	3.86
	组内	45.135	72	0.627			女	3.39
	总数	48.122	73					
带有激励性语句的包装	组间	15.907	1	15.907	14.313	0.000	男	3.31
	组内	105.578	95	1.111			女	4.12
	总数	121.485	96					

续表

项目		平方和	df	均方	F	显著性	性别	均值
使用可看到内部的透明材质包装	组间	6.503	1	6.503	4.707	0.033	男	2.63
	组内	131.250	95	1.382			女	3.14
	总数	137.753	96					
	组内	75.017	95	0.790			女	3.47
	总数	80.330	96					
采用金属等材质提升食品档次	组间	6.937	1	6.937	7.266	0.008	男	3.79
	组内	90.692	95	0.955			女	4.33
	总数	97.629	96					

结合各题项均值可以得知，在健康食品的包装容量方面，男性消费者与女性消费者间无明显差异；在外包装的颜色选择上，女性消费者更喜欢颜色较为新颖、鲜艳的包装；在外包装文字描述方面，女性消费者倾向于激励性语句，男性消费者则倾向于描述食品本身的语句。在健康食品包装材质方面，女性消费者相较于男性消费者更偏好高档、可以看到食材本身的包装。

从包装的角度可以很明显地看出消费者基于性别的行为差异，即使是购买同类产品，商家也可以针对不同性别需求增加其在包装上的文章。结合消费者消费偏好来看，应该有针对性地进行分类型的包装加工。

2. 基于学历的差异分析

在不同学历对健康食品偏好影响上，在健康食品支出这项上差异较为显著，故之后对不同学历组的消费者进行了事后多重比较分析，结果如下表。从表4中数据分析结果可以得知：高中与博士及以上、高中与研究生、大学与博士这三个组别存在较显著差异。通过观察均值后发现高中与大学这两项上打分较低，另外两个组别较高，因此可认为高学历消费者对健康食品的偏好高于低学历消费者（见表4）。

表4　　不同学历对食品偏好的影响

高中	大学	研究生	博士及以上
3.7	3.73	4.37	4.46

单因素方差分析

项目		平方和	df	均方	F	显著性
对健康了解度	组间	11.095	5	2.219	2.709	0.025
	组内	74.534	91	0.819		
	总数	85.629	96			

注：误差方差等同性的 Levene 检验 a。

经过调查我们发现，不同学历对不同价位的农产品消费情况不同，高学历人群对价格较高的农产品喜好更高。经过分析，我们认为这与高学历人群的普遍收入与学识等息息相关（见表5、表6）。

表5　　因变量：健康食品支出

F	df1	df2	Sig.
1.622	5	91	0.162

注：检验零假设，即在所有组中因变量的误差方差均相等。a. 设计：截距+学历

表6

多个比较

因变量：健康食品支出
LSD

(I) 年级	(J) 年级	均值差值 (I-J)	标准误差	Sig.	95%置信区间	
					下限	上限
高中	高中	−0.12	0.395	0.766	−0.90	0.67
	大学	−0.67	0.354	0.062	−1.37	0.03
	研究生	−0.03	0.337	0.927	−0.70	0.64
	研究生以上	−0.76*	0.337	0.026	−1.43	−0.09
大学	高中	0.12	0.395	0.766	−0.67	0.90
	大学	−0.55	0.343	0.112	−1.23	0.13
	研究生	0.09	0.326	0.789	−0.56	0.73
	研究生以上	−0.64	0.326	0.051	−1.29	0.00
研究生	高中	0.67	0.354	0.062	−0.03	1.37
	大学	0.55	0.343	0.112	−0.13	1.23
	研究生	0.64*	0.273	0.022	0.10	1.18
	研究生以上	−0.09	0.273	0.734	−0.64	0.45
研究生以上	高中	0.03	0.337	0.927	−0.64	0.70
	大学	−0.09	0.326	0.789	−0.73	0.56
	研究生	−0.64*	0.273	0.022	−1.18	−0.10
	研究生以上	−0.73*	0.251	0.005	−1.23	−0.23

注：基于观测到的均值。误差项为均值方（错误）=0.819。* 为均值差值在0.05级别上较显著。

3. 调研结论与建议

通过对正式调查数据进行单因素方差分析和LSD多重比较，得出健康食品消费者偏好在性别与学历变量上的差异，分析结果如下表所示（见表7）：

表7　健康食品消费者偏好在性别与学历变量上的差异

个体偏好		健康意识	行为动机
性别	×	女性受激励较男性显著	在外观包装方面存在差异
学历	高学历健康意识较高	高学历自我控制导致的健康食品消费明显	×
年龄	大龄消费者健康意识显著高于低龄消费者	大龄消费者出于对家庭因素考虑的健康食品选择	大龄消费者偏好新鲜与营养，低龄消费者偏好口感与包装档次
收入	高收入消费者健康食品选择高于低收入消费者	低收入消费者出于炫耀性因素购买，高收入消费者出于实用	×

注：×表示无显著差异。

这次的调研结果总体来看影响北京市居民健康食品选择的主要因素主要由9个部分构成。涵盖性别、学历、年龄、收入四大基本方面，以及在此基础上与消费者行为有关的健康意识、行为动机和个体偏好。根据上述调查结论来看，健康食品生产厂商应将健康食品市场划分为年轻消费群体、中年消费者群体、高端健康食品与大众型健康食品几大细分市场，在此基础上结合不同类型消费者予以不同包装形式，以此促进消费者对产品的购买。

对于健康食品未来的发展趋势来看，近九成的居民认为未来健康食品的发展将会有巨大的进步，随着人民生活水平的提升，人们对健康的关注程度也会随之提升。食品是健康的基础，在调查中我们还发现，居民对于营养元素的认知程度较之前的数据略有提升，碳水化合物、蛋白质、脂肪三大基础营养素的概念与作用也被大家所关注。因此，如何更进一步发展健康食品，将会成为未来商家的考虑重点。

从性别角度看，女性消费者更倾向于使用感官来判断农产品质量的好坏，而男性消费者则更倾向于理性决策购买。针对两种不同的对于包装的需求，商家可以在调查本地区市场中购买人群性别比例后，针对比例较高的性别人群投放相应的包装。同时，在制定包装时，最好也应该广泛地汲取社会意见和经验。

从学历角度来看，不同阶段学历人群对农产品价格敏感度略有不同。经过文献分析，更多的原因在于不同学历人群间收入差异，导致对农产品消费的不同，以及不同学历人群对健康食品认知度有所差异。因此商家可以针对不同的购买能力，制定出不同的营销策略，尽量做到细化产品类型，保证产品——人群覆盖。

从年龄角度来看，不同年龄段人群消费喜好存在差异。年轻人与中老年人都有向健康化饮食发展的趋势，但是其动因有所差异。市面上宣传健康饮食知识复杂，其内容难以得到有效证实。商家应当联合聘请相关专家成立协会，传播健康饮食观点，倡导宣传健康食品，提倡健康生活，并与自己企业产品积极挂钩。

从收入角度看，不同收入对于自身购买力体现出显著差异。对于中、高收入人群来说，更容易花费比普通农产品更多的钱来购买健康食品。针对此点，商家应该主要注重不同消费者类型的划分以及产品的投放问题，但是商家也不应该放弃低收入群体这一大消费群体，因为他们的发展潜力巨大，值得未来长期发展。

本文参考文献

[1] 王文化，苏江莲，董磊，姚崇华．经济收入对居民食品消费观念和行为的影响 [J]. 心肺血管病杂志，2011，30 (02)：93-98.

[2] 杨肖丽，孙亚男，董凤丽．有机农产品购买行为差异及成因分析——基于消费者分类的视角 [J]. 湖北农业科学，2016，55 (15)：407，4064-4068.

北京市居民乳制品消费意愿研究

学 生 姓 名： 赵晴漪　马艺文　刘肖含　谷佳林
指导教师姓名： 刘亚钊

摘　要： 北京市居民乳制品需求巨大且需求量逐年上升。由于市场上乳制品的种类繁多，不同人群对乳制品的需求不同，国内乳制品的供给并不能很好贴合消费者需求。我们在对北京居民乳制品消费意愿进行充分调研的基础上，从中提取了个人收入情况、学历水平、性别、职业、居住地等个体特征，对影响消费者乳制品选择的乳制品种类、价格、质量与质量信任程度、包装、购买渠道、厂商宣传等影响因素进行多元线性回归，分析北京市乳制品消费的现状，并提出乳制品供给问题和对应的解决方案。

关键词： 乳制品；消费意愿；多元线性回归

一、引言

随着食物营养健康意识的提升，居民健康意识不断增强，刘宇鹏等曾针对河北省农村乳制品消费行为进行研究[1]，发现河北省农村消费者的认知水平对河北省乳制品生产过程的了解程度、乳制品的安全程度的信任度对河北省农村乳制品购买行为有显著影响。彭一婧等对北京市城镇居民乳制品消费特征及发展思路进行调查[2]，得到北京市城镇居民倾向于购买液态奶与酸奶，且品牌意识强的结论，但北京市农村居民的消费情况没有调查。因此，本节就北京市各区域居民乳制品消费行为进行研究。

二、调查设计与样本统计

北京市居民乳制品消费意愿调查问卷根据模型要求，共设置了 22 个问题，为方便调查，分为个体特征与其他特征两部分。通过街头拦截式对网络问卷进行初步调研，发放了 21 份问卷，收回有效问卷 20 份。

2019 年 10 月至 12 月，小组对北京不同区域进行分类，其中中心区为东城区、西城区、朝阳区、海淀区、丰台区、石景山区；近郊区为大兴区、通州区、顺义区、昌平区、门头沟区、房山区；远郊区为怀柔区、平谷区、密云区、延庆区。小组在各区域选取人员密集的地点，分别进行实地调查，线下采用拦截式调查，线上通过网络问卷共收集问卷 168 份，有效问卷共 156 份（见表 1）。

表 1　　　　　　　　　样本的描述统计

项目	样本特征	人数（人）	百分比（%）
性别	男	66	42.31
	女	90	57.69
年龄	16 岁及以下	2	1.28
	17～25 岁	55	35.26
	26～40 岁	63	40.38
	41～60 岁	30	19.23
	61 岁及以上	6	3.85
工作	公司职员	66	42.31
	事业单位	19	12.18
	公务员	4	2.56
	自由职业	15	9.62
	学生	41	26.28
	退休人员	6	3.85
	其他	5	3.21
学历	初中及以下	11	7.05
	高中	28	17.95
	大学本科及专科	84	53.85
	硕士	27	17.31
	博士	6	3.85
家庭人数（人）	1～2	14	8.97
	3～4	118	75.64
	5 及以上	24	15.38
家庭月收入（元）	8000 以下	23	14.74
	8000～20000	94	60.26
	20000 以上	39	25.00
居住区域	中心区	83	53.21
	近郊区	53	33.97
	远郊区	20	12.82

三、北京市居民乳制品消费现状

为了研究北京市居民乳制品消费现状，对北京市不同地区居民的乳制品消费数量与乳制品消费金额进行调研分析，同时分析北京市消费者的乳制品消费习惯。

本节调查了个人消费情况与家庭消费情况，根据调查数据画出散点图，横轴均为个人消费，纵轴均为家庭消费，北京市居民乳制品家庭月消费量与个人食用量，家庭月消费额与个人消费额具有正相关关系，以下调查均为家庭乳制品消费数量与家庭乳制品消费金额的研究（见图 1、图 2）。

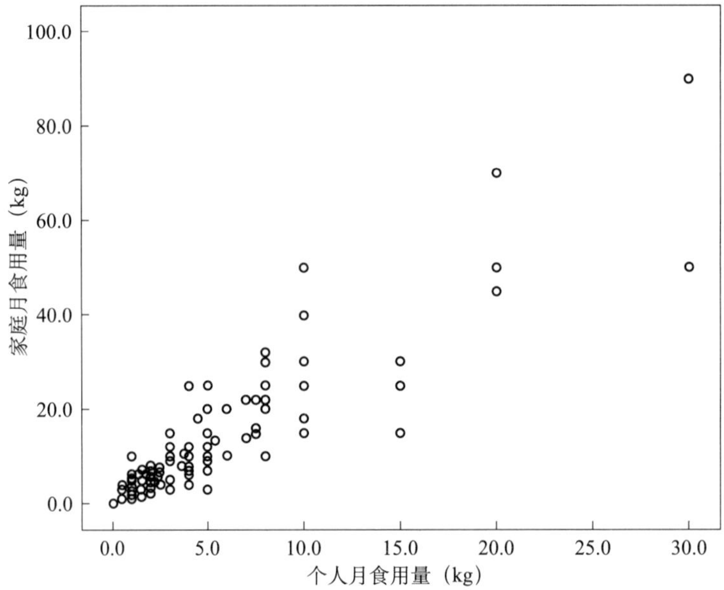

图 1　乳制品食用量散点图

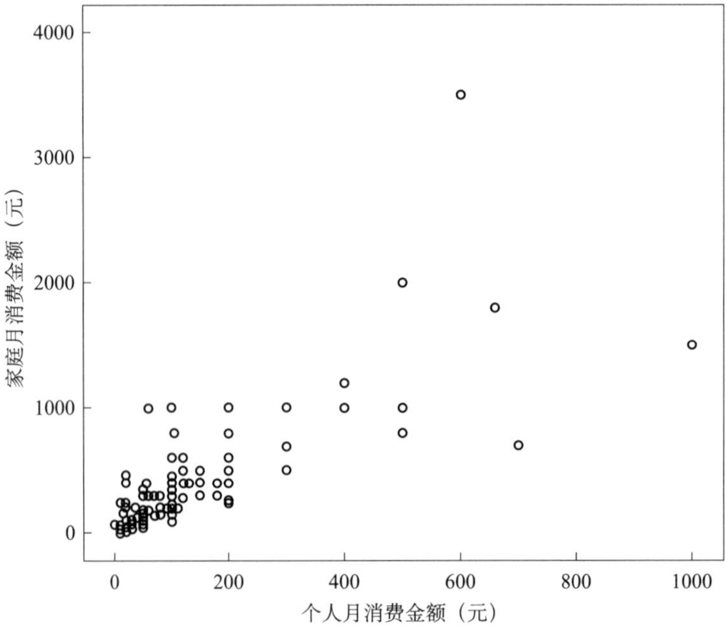

图 2　乳制品消费金额散点图

（一）乳制品消费数量

156名乳制品消费者中，家庭月消费数量多处于6～15kg，占比41.67%。35.9%的消费者家庭会选择每月购买5kg以下的乳制品（见表2）。可见，大部分家庭每月的消费需求偏低。其中，北京不同区域的家庭月消费数量也不尽相同，中心区与近郊区的乳制品消费数量偏大。

表2　北京各地区家庭月消费数量　单位：个

地区＼数量	0～5kg	6～15kg	16～25kg	26～45kg	46～90kg	合计
中心区	29（34.94%）	36（43.37%）	9（10.84%）	6（7.23%）	3（3.61%）	83
近郊区	19（35.85%）	21（39.62%）	7（13.21%）	3（5.66%）	3（5.66%）	53
远郊区	8（40%）	8（40%）	4（20%）	0	0	20
合计	56（35.90%）	65（41.67%）	20（12.82%）	9（5.77%）	6（3.85%）	156

注：括号内数据为占比。

（二）乳制品消费金额

约有50.64%的消费者会选择家庭月消费金额处于101～400元，20.51%的消费者的家庭月消费金额在100元以下（见表3），可见，大部分家庭每月愿意为乳制品支出的金额不高于400元。经过调查可知，家庭愿意在乳制品中支出较高金额极有可能是家中有小孩，对奶粉等需求量较大，其消费金额也较高。

表3　北京各地区家庭月消费金额　单位：个

地区＼金额	0～100元	101～400元	401～800元	801～1000元	1001～3500元	合计
中心区	13（15.66%）	42（50.60%）	19（22.89%）	7（8.43%）	2（2.41%）	83
近郊区	11（20.75%）	26（49.06%）	8（15.09%）	5（9.43%）	3（5.66%）	53
远郊区	8（40%）	11（55%）	0	0	1（5%）	20
合计	32（20.51%）	79（50.64%）	27（17.31%）	12（7.69%）	6（3.85%）	156

注：括号内数据为占比。

（三）乳制品消费习惯

1. 鲜奶与酸奶更受消费者喜爱

在调查消费者对于乳制品的消费种类时，我们将乳制品分为鲜奶、酸奶、奶酪、奶粉、奶油、冰淇淋（此处特指含有乳制品的冰淇淋）、奶茶以及其他，由于“其他”无人选择，忽略不计。从调查中可以看到，选择鲜奶的消费者占

33.16％，选择酸奶的消费者占36.07％，因此，鲜奶和酸奶更受消费者的欢迎。而奶酪、奶粉、奶油、冰淇淋、奶茶的消费者占少数，分别为5.84％、6.9％、1.59％、6.37％与10.08％（见图3）。

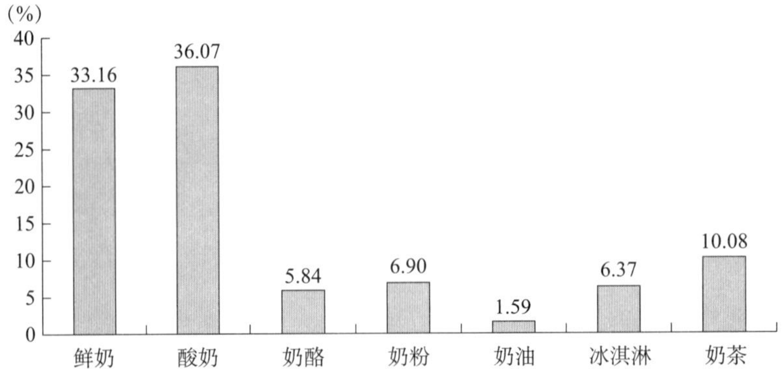

图3　乳制品购买种类

2. 乳制品包装多样，各有优劣

在“您倾向于购买哪种包装的乳制品”的问题中，北京市居民倾向于购买盒装和袋装的乳制品，分别为46.5％与28.66％，箱装次之为11.46％，桶装与玻璃瓶装最少，分别为8.92％与4.46％（见图4）。

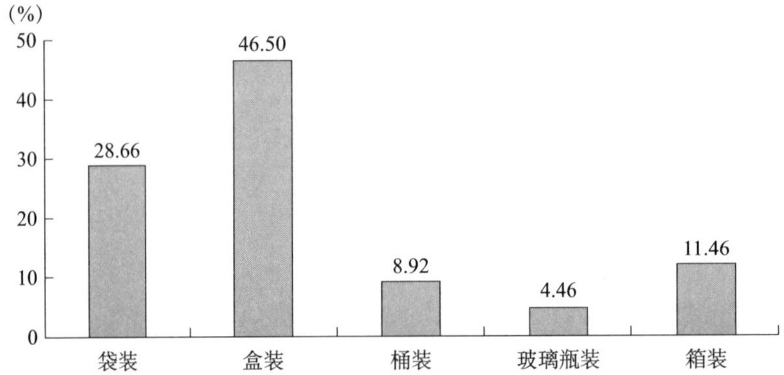

图4　乳制品包装偏好

经过调查可知，盒装乳制品更受欢迎的原因是其保质期较长，与购买箱装的原因相同，两者最终便于储存，而购买箱装的乳制品不需要去超市频繁购买。袋装虽然保质期时间短，但价格相对便宜，也受到了消费者的普遍喜爱。桶装不便携带，但多量大且价格便宜，玻璃瓶储存时间长，但易碎、不便携带，因此多为订购。

3. 消费者获取信息渠道相对集中

如今处于信息时代，人们获取信息的渠道多种多样，而对于乳制品而言，消费者获取信息的渠道相对集中。有50.32%的消费者是通过亲友宣传来购买乳制品，其更加信赖亲友的推荐。18.47%的消费者是通过新颖的广告获取信息，从而被吸引购买乳制品，13.38%的消费者是通过政府的宣传来购买乳制品，经过政府强有力的质量保证使产品更加值得信任。而近期明星代言与综艺植入的方式宣传乳制品的效果不佳（见图5）。

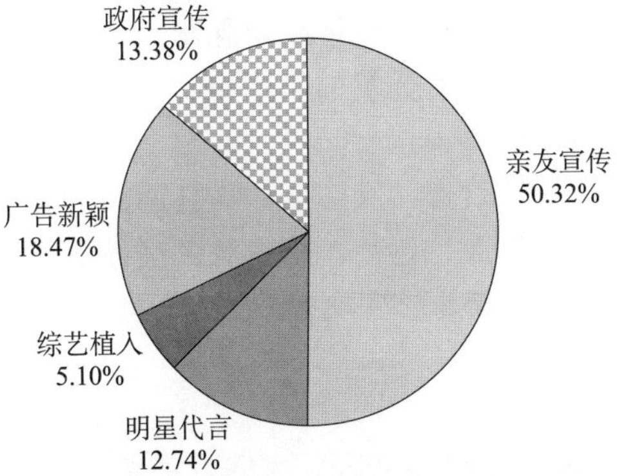

图5　消费者获取信息途径

4. 消费者购买方式多为实地购买

40%的消费者购买乳制品的方式为超市购买，26%的消费者为商场购买，16%的消费者在便利店购买，出于距离考虑，大部分人选择离家最近的超市与便利店购买乳制品，而选择商场购买多为商场内部卖场的折扣力度更大，价格更便宜，绝大多数消费者选择实地购买乳制品。

12%的消费者选择网络购买乳制品，3%的消费者为订购，而1%的消费者选择朋友代买，购买方式更加便捷，但物流速度与运输、产品安全等难以保证（见图6）。

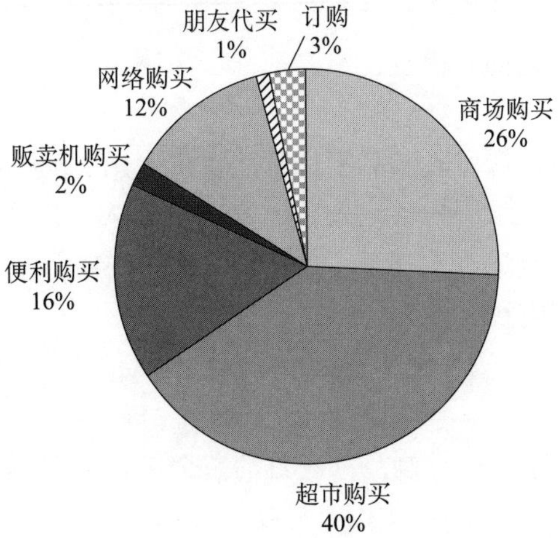

图6　消费者购买方式

四、北京市乳制品消费影响因素

（一）理论假设

根据经验与对周围人的预调查，提出以下假设：

消费数量：假设性别、家庭人数是影响乳制品消费数量的主要因素。假设学历、品牌、质量对乳制品消费数量的影响较大。假设工作、居住区域包装对乳制品的消费数量影响较小。

消费金额：假设家庭月收入、价格是影响乳制品消费金额的主要因素。假设性别工作、学历、家庭人数、包装、品牌对乳制品消费金额的影响较大。假设居住区域对乳制品消费金额的影响较小。

（二）模型介绍

据调查，家庭月消费量为 1～90kg，家庭月消费额为 20～3500 元。我们将其各自划分为 5 个阶段，赋值 1～5（见表 4）。

表 4　　家庭月消费量赋值

月消费量（单位：kg）	赋值	月消费额（单位：元）
1～5	1	20～100
6～15	2	101～400
16～25	3	401～800
26～45	4	801～1000
46～90	5	1001～3500

初步建立两个多元回归模型：

1. 消费数量

设因变量为北京市居民乳制品家庭月消费量，用 Y_1 表示。12 个自变量分别为性别、年龄、工作、学历、家庭人数、家庭月收入、居住区域、包装、品牌、宣传、价格接受度、质量，X_k 表示，k=1，2，…，12。

因此，建立回归方程，设为：

$$Y_1=\beta_1X_1+\beta_2X_2+\cdots+\beta_kX_k+\varepsilon_1$$

2. 消费金额

设因变量为北京市居民乳制品家庭月消费金额，用 Y_2 表示。12 个自变量分别为性别、年龄、工作、学历、家庭人数、家庭月收入、居住区域、包装、品牌、宣传、价格接受度、质量，用 X_k 表示，k=1，2，…，12。

因此，建立回归方程，设为：

$$Y_2 = b_1X_1 + b_2X_2 + \cdots + b_kX_k + \varepsilon_2$$

（注：自变量的取舍由后期调查的数据，分析各自变量与因变量的相关度而确定。）

根据调查得到的数据，将各因素与两个因变量用散点图进行相关分析得到，与家庭月消费量相关性较强的因素有学历与价格接受度；与家庭月消费额相关性较强的因素有工作、家庭人口与月收入。

将这些相关性较强的因素作为乳制品消费意愿的影响因素，建立多元回归模型，$Y = Y_1 + Y_2$。

因此，模型最终确定为：

$$Y = Y_1 + Y_2 = \beta_0 + \beta_1X_1 + \beta_2X_2 + \beta_3X_3 + \beta_4X_4 + \beta_5X_5 + \mu$$

因变量 Y 为北京市居民乳制品消费意愿。Y_1、Y_2 为家庭月消费量和家庭月消费额。自变量（影响因素）X_1、X_2、X_3、X_4、X_5 分别表示被调查者的学历、价格接受度、工作、家庭人口与月收入。

μ 为随机误差项。

（三）模型估计与分析

1. 模型估计

根据调查结果可知，用 SPSS 对整理过的原始数据进行多元线性回归分析。（置信区间为 90%）

结果如下：

$$Y = -6.346 + 11X_1 + 31X_2 + 15X_3 + 24X_4 + 10X_5$$

2. 影响因素分析

将调查的 156 条数据简单地进行统计分析，可得家庭月消费量平均为 12.54kg，家庭月消费额平均为 410.41 元。

由多元线性回归分析得到：

（1）价格因素影响较大。价格接受度是北京市居民对乳制品消费意愿影响最大的因素。人们普遍认为乳制品定价合适，愿意购买，但也有少量的被调查者认为乳制品价格偏高，其每月购买的乳制品也相应较少。

（2）家庭人口因素。影响北京市居民乳制品消费的第二大的因素是家庭人口，人口越多，需求量越大。

（3）工作因素。不同种工作的人对乳制品的需求差异大，公司职员、学生和退休人员对乳制品需求大，而其他类工作对乳制品需求小。

（4）学历因素。高中及以下学历的被调查者明显比本科及以上的被调查者需求大，从本科到博士，逐渐递增，呈 U 形，左边高于右边。

（5）家庭收入水平因素。收入越高，在乳制品上的花费越高。

（6）品牌习惯。在调查过程中发现，北京市中心区居民对三元乳制品品牌有明显的消费偏好。

五、建议

家庭乳制品平均月消费量在12.5kg左右，相当于平均每天一家人食用417g的乳制品，即人均104～139g，达不到一袋牛奶（180～200g）的量，因此，需求水平还不是很高，乳制品企业可从本文研究的作用较大的影响因素入手，刺激北京市居民的乳制品需求。

在此提出以下建议以供参考。

（一）价格合适，近期不需要调整

北京市居民普遍认为乳制品的定价合适，在居民的可接受范围内，近期不需要对价格做调整。

（二）家庭结构影响乳制品消费种类

家里人口越多，乳制品消费量越大，往往是家庭内的孩子和老人多，针对孩子和老年人的乳制品需求量大，乳制品企业要对准消费对象。调查显示，年龄高的人群偏好于食用牛奶类的乳制品，年龄低的人群偏好于食用酸奶和奶茶类的乳制品，在乳制品上花费大的家庭往往是对奶酪和奶粉的需求大。

（三）企业应加大乳制品宣传力度

调查发现，乳制品消费受亲友宣传和政府宣传的影响力较其他方法更大，对于企业而言，电视广告与综艺植入等方式的宣传力度要加大，通过增加广告投入来提高北京市居民乳制品消费意愿。

（四）企业要合理考虑乳制品包装

调查发现，北京市居民倾向于购买盒装和袋装的乳制品。桶装的往往有奶茶、饮料类的乳制品，爱好喝奶茶的往往是年轻人，因此预测未来有增多的趋势；而玻璃瓶装的乳制品往往是价格较贵，可接受的居民较少，或者是在“鲜奶吧”等类似的线下店铺售卖兼外卖配送，需要走路去购买或者等待配送时间，总的来说不如保质期长的箱装乳制品便捷。

因此，可以根据不同家庭的情况，合理生产不同包装的乳制品，在考虑生产成本的同时，满足消费者需求。

（五）引导潜在消费者消费

针对需求偏低的人群，如非公司职员、本科学历的人群，制定合适的宣传策略，将对该类人群有吸引力、适合该类人群食用的乳制品投放到合适的区域，打造方便的购买渠道，最主要的还是，积极合理地宣传食用乳制品作为一种健康的生活方式的种种好处，进一步增强该群体的乳制品消费意愿。

（六）增加乳制品安全检查

乳制品营养、口味、价格、服务、安全性、品牌都对消费者的乳制品信任产生正向的影响，企业应增强品牌效益，提高企业的社会责任感。同时政府要配合企业做好乳制品质量监督工作，让人民群众更放心、更安心。

本文参考文献

[1] 许佩佩．大学生对食品包装属性的消费偏好研究 [D]. 曲阜师范大学，2015.

[2] 彭一婧，刘芳，何忠伟．北京市城镇居民乳制品消费特征及发展思路．农业展望，2018，14 (02)：84－91.

[3] 许佩佩．大学生对食品包装属性的消费偏好研究．曲阜师范大学，2015.

[4] 刘燕．食品安全事件背景下消费者乳制品购买意愿的实证研究．福州大学，2016.

北京市区水果新零售消费者满意度研究

项目组成员： 高博洋　王若琦　王　璐　黄天浩　付梓琰
指导教师姓名： 倪冬梅

摘　要： 随着我国水果零售市场的不断发展，我国水果市场中的供给由短缺转为相对过剩，水果面临严重的需求不足，建立现代化的水果营销体系刻不容缓。

现阶段由于盒马鲜生等新型零售超市的出现，一种被称为“新零售新型的销售方式出现”，对于这种新型销售方式，还未深入研究其销售模式的特点以及此销售模式所面临的挑战与机遇。

本文是把握北京市区水果的新零售模式运营现状，对其现在的发展现状进行分析，并主要分析消费者对水果的新零售模式的满意度。综合所有的调查结果提出对北京市内水果新零售运营的政策建议和保障措施，为政府制定政策提供方案和依据，并且为新零售水果运营提出合理建议，改进其经营模式，减少消费者的顾虑，增加顾客满意度。

关键词： 北京市；新零售；水果；消费满意度

一、水果零售行业的发展现状

（一）水果传统零售销售现状

近年来，在现代农业产业基地和特色效益农业大发展的背景下，我国水果产业得到快速发展，水果已成为继粮食、蔬菜之后的第三大农业种植产业，果园总面积和水果总产量常年稳居全球首位。虽然目前我国水果产业已取得长足发展，但仍面临种种问题。

第一，由于生产端小、散、乱情况的长期存在，与渠道难以及时、有效匹配，导致水果产业供需不配套这一突出问题得不到解决，丰收不增收的现象经常出现。

第二，水果从生产到市场，包括优良品种选育、果园管理、采后预冷和贮藏、上市前的商品化处理以及运输和上市销售，整个产销链的每一个环节都应有相对应的标准。但从目前现状来看，要么无标准可依，要么标准散乱难以统一，要么标准内容过时，严重制约了我国水果的品牌化进程。

第三，从整个水果行业来看，冷链物流应用程度较低，有的甚至全程无冷链，导致某种水果早上卖 10 元、晚上卖 5 元甚至更低的现象时常出现，严重影响了消费者的体验和水果的利润水平。

今后随着市场竞争加剧，水果行业面临的问题将更加凸显，单靠拼价格、拼地段的时代将结束，未来拼的是精细化运营管理，从采购、仓储、陈列、产品结构、定价、包装、配送、营销设计、人员管理都需要一整套运营体系来支撑。

（二）水果新零售的发展现状

国家对水果种植业扶植资金每年达到了 2000 亿元以上，新零售行业标杆盒马鲜生和超级物种在跑通模式后开始全国扩张，类似百果园、果蔬好、鲜丰水果、水果传奇等这样一批终端连锁店也纷纷获得了资本的投入，处在快速跑马圈地阶段，并选择适机上市。

收购生鲜电商品牌后便开启了线上的数字化运营，采用的是线下水果门店和线上的 App、微信小程序和三方网站配合销售的新零售模式。用户在线上下单，然后由当地的供货商、种植基地或水果市场接受配送申请订单进行配货。积极开展第三方合作业务，和一些配送平台进行深度合作。为更好达成一体化的新零售模式，对公司进行了数据方面的一体化管理，包括打通线上和线下的会员数据、用户、产品、库存、销售等全数据的管理[1]。数据的统一存储和调用方便了企业管理，实现了客户管理系统、产品库存系统、产品营销系统的综合的一体化运营。全面一体化的数据管理极大地提高了管理效率。

目前，生鲜电商平台间的竞争已不仅局限于销售渠道，而是延伸到了上下游产业链的各个环节。因此，建立集生产、贸易和销售于一体的全产业链。在拥有种植基地的同时，将“人工智能”“物联网”“大数据”和农业生产经营相融合，帮助了大批农产品生产者解决了农业生产过程中的技术问题，提高了农业生产专业化水平，从源头上保证产品的质量；采用直销的方式，果农采摘的水果直接进行销售，节省了中间商成本；一体化的模式有助于从整体上管理产业链，实现了降低存货量、节省成本等要求，加快了产品的流通速度。

（三）北京市区内水果新零售经营模式和经营现状

1. 人群定位

在中国零售市场上居主导地位的消费人群由原来的“上一代”消费者、偏低收入阶层消费者转为“新世代”消费者、富裕阶层及上层中产消费者。富裕人群和上层中产阶层消费者正迅速成为中国的主体消费力量。由于其消费行为更加理性和成熟，为高产品品质支付溢价的意愿更强。由此新零售在人群定位上选择中上阶层的消费者群体。“80后”以及“90后”已经成为我国消费群体的主力军，作为主流消费群体的他们更偏向于“线上＋线下”的综合经营模式，因为该综合发展模式在注重客户需求的基础上更加重视客户的满意度，重在与客户建立长期合作。

2. 营销方案

企业通过对其经营形态的改善以及采用多元化的发展战略使得发展模式更加贴合市场。零售活动的又分为两个方面：第一，与客户直接接触的零售活动，采取促销、购买组合等方式提高市场活力；第二，向市场投放新的要素或增加自身独特性从而以发挥优势为基点提高市场整体的创新性，没有创新的企业是无法在竞争中生存的。

3. 物流配送

传统物流仅仅是将产品从卖家的固定地点运送到消费者手中。但是在今天，新零售行业最注重的是消费者在购物时的体验感，因此盒马选择放弃了距离门店较远的顾客，只考虑以门店为中心3公里以内的配送范围，这样的选择是为了保证3公里内消费者可以有最好的消费体验感，确保可以在半小时内送达。盒马鲜生担心会出现未按照约定时间配送完毕的事情，所以放弃为3公里外顾客提供这项服务，这是现今新零售行业的理念的典型体现。

新零售行业在线上线下结合的基础上，利用大数据和云计算等高新科技，整合和协调物流供应链，建立智能仓储，还可以形成一个能科学、客观、准确处理和分析消费者数据的数据库。使企业更了解消费者的偏好，提高经营效率的作用。

目前而言，可以说水果生鲜新零售的渗透率偏低，但其拥有巨大的发展潜力。现在很多人还是在线下购买水果，电商的渗透率比较低。实体零售不轻易向去结合电商平台的运营难点在于：第一，水果种类多，同质性强，储存时间短且非标化导致损耗率居高不下；第二，自建冷链仓储物流投入成本高，使用第三方物流品质难以把控；第三，传统水果生鲜的做法和电商匹配难度大；第四，食品安全问题一直处于风口浪尖，水果生鲜新零售行业中水果品种的选择、种植地的选择都可能影响产品的质量。第五，生鲜类产品对储存和运输条件的要求比较高，一旦储存或运输不当会对产品造成直接影响，进而影响顾客的体验。

4. 水果新零售行业目前的营销难点

主流媒体上的宣传不足，没有在客户群体中形成足够深的记忆点，导致大家对于水果新零售了解还是相对较少。水果新零售的相对来讲的目标客户群是高收入的、受教育程度较高、对于新鲜事物接收度较高、日常生活忙碌，追求快速便捷消费方式的一类人。

这些难点使水果新零售的渗透率无法加大，价格过高也是困扰着消费者的一大问题。

二、研究背景

（一）调研背景

本次调查问卷主要采用线上问卷进行调查，采用线上线下发放调查问卷的方法来收集所需要的数据，总共发放样本量 153 份，收到有效样本量 149 份，样本有效率为 97.39%。

（二）被调查者信息

本问卷的被调查者中女士占到了 62%，男士占 38%，本次调查的主要年龄层为 18～35 岁的人，占到了有效问卷的 75.80%，除此之外 35～50 岁占比有 18.60%，50 岁以上占比 3.75%，18 岁以下的占比为 1.85%（见图 1）。

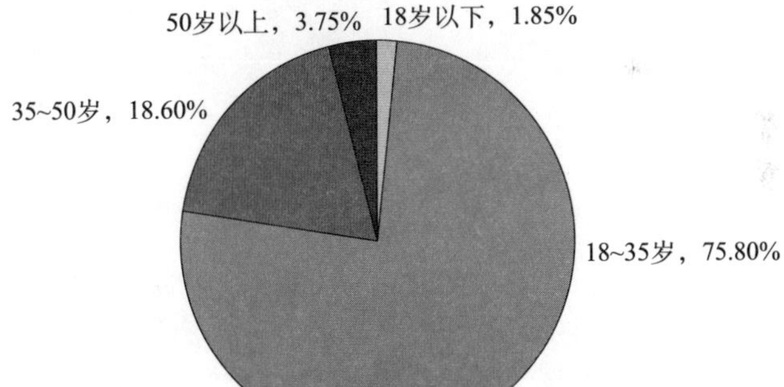

图 1　被调查者年龄

被调查的收入水平主要集中在 2000～5000 元以下，占到了 72.30%，所以此次调查的消费者收入一般，属于普通消费的人群。首先是这类人群对价格更加敏感，对商品的性价比也更加重视，也更考验“新零售”的模式；其次是收入为 5000～8000 元的被调查者，占到了总体的 10.86%；最后是收入为 2000 元以下的被调查者，占比为 13.30%，本次调查涉及到收入高的为 8000～10000 元的被调查者，占比为 3.54%，这类人群收入高，所追求的服务质量也更高（见图 2）。

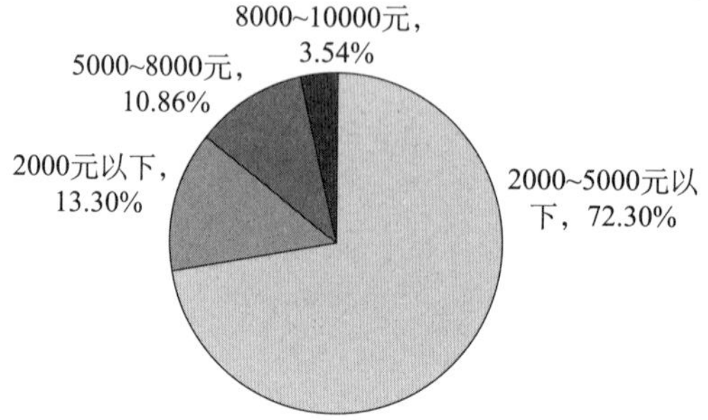

图 2　被调查的收入水平分布

三、水果新零售的消费者态度和行为调查结果分析

（一）新零售在消费者中的认知情况

1. 消费者对新零售的定义和知晓程度

根据整体的数据来看，男性和女性对于新零售的了解程度差别不大。此调查意在了解消费者对新零售模式的认知程度，根据条形图可以很清晰观察到，消费者对于盒马鲜生为新零售的认知程度更高，但也没有达到 80%以上的高认知水平（见图 3）。

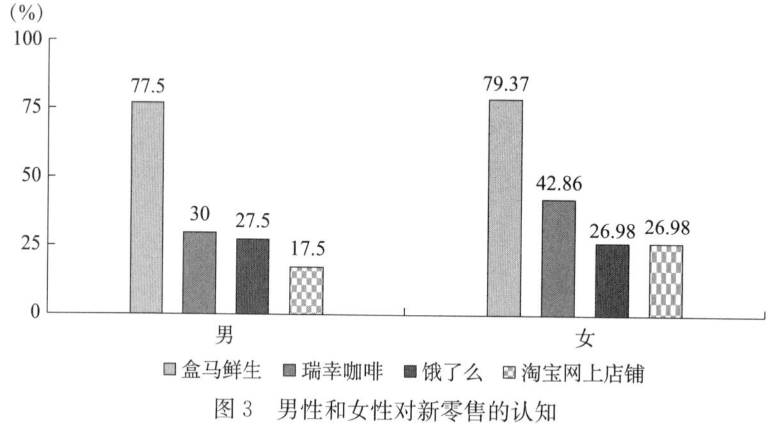

图 3　男性和女性对新零售的认知

盒马鲜生的新零售产业在开业前大肆宣传过自己的销售模式、创新之处等，但是并没有在大众的消费者中就留下很深的印象，大多数的消费者只知道这个产业的大体运行模式，但是不知道为什么称其为“新零售”，或者说新零售到底是什么，大多数的消费者没有直观的概念。同时通过对其他 3 个选项的选择能够看出，这 3 个的选项较为平均，没有什么特别大的区别，因此能看出新零售的概念在消费者心中是混乱的。

新零售是企业以互联网为依托，通过运用大数据、人工智能等先进技术手段，对商品的生产、流通与销售过程进行升级改造，进而重塑业态结构与生态圈，并对线上服务、线下体验以及现代物流进行深度融合的零售新模式。线上线下和物流结合在一起，才会产生新零售。最终是以何种方式结合在一起、如何结合，在消费者心中还是非常模糊的概念，这也正是众多新零售行业要去宣传的。这种模式是一种创新性的模式，虽然现在或许还不能体现到新零售模式在生活中对人们的影响有多大，但是不得不承认它是符合零售行业发展趋势的，需要引起从事实体零售或者电商平台的经营者们的重视。现在新零售业的发展已经日渐成熟，若再不引起重视会渐渐被众多的店铺淘汰，很难找到立足之处。

2. 消费者对新零售的看法

在消费者对新零售的看法中，我们可以看出，占据42.72%的人主要认为是新零售比较符合潮流，适应现在的发展趋势；35.92%的人认为新零售能够给消费带来便捷，减少在消费上花费的时间；有14.56%的人认为新零售增加了顾客体验感；6.80%的人没什么看法。新零售的主要目的就是为了能够带给顾客更加精致的服务，这也是为什么盒马鲜生这类的新零售商店为何会专门建设一块用餐区。现今的社会依旧是快节奏的，有着巨大消费潜力的客户并没有足够的时间来体验线下店铺，所以比起消费者体验人们更关注着购物的便捷性，他们关注点基本上都放在了超市加工时的卫生和配送的即时性等问题上（见图4）。

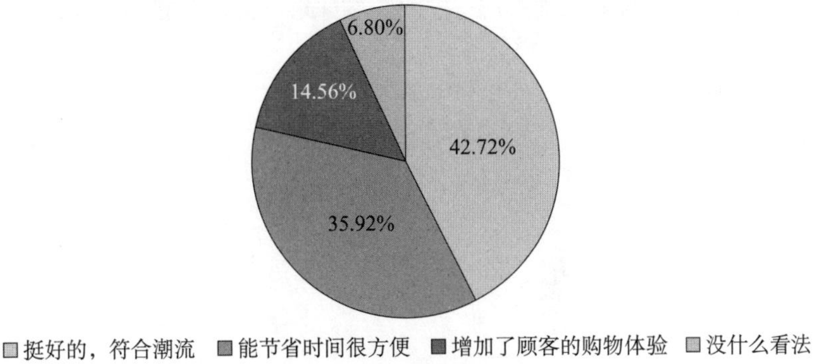

图4　消费者对新零售的看法

（二）消费者在水果消费中的各类偏好

1. 消费者购买水果的消费行为偏好

由下面的数据可以分析出，不管月收入在什么区间，大部分人更注重水果的新鲜程度，在月收入9000元以上的人群中不仅注重质量，而且还注重商品的包装，这与现阶段我国的经济繁荣发展，人民的生活品质日益增长有着非常大的关系。举例来讲，最近几年从国外进口来的车厘子价格昂贵但是在三线城市也依旧卖爆了，因为吃得起车厘子逐渐变成有高品质的生活的象征，然而樱桃和车厘子本质上同属于一种果实，甚至在国内有些地方生产的樱桃在色泽和口感上并不输车厘子。当昂贵的车厘子和较便宜的樱桃同时摆在一起时，绝大部分消费者还是更愿意购买车厘子。这种现象充分体现了如今的消费者在购买水果时对商品外表品质的追求（见图5）。

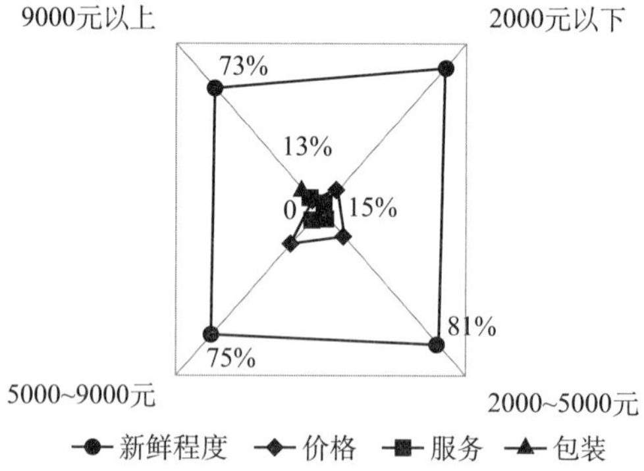

图5　消费者购买时的偏好倾向

消费者们已经逐渐在物美价廉中淡化了对价廉的重视程度，变得更加重视物美。水果这类商品由于其特殊性，它的品质和口碑有着非常大的影响作用，况且这类新零售业的定位都是在高消费人群中，这类人群由于平时工作繁忙，因此更加会选择高品质的产品的享受生活，因此，对产品的品质把控一定要做到极致（见图6）。

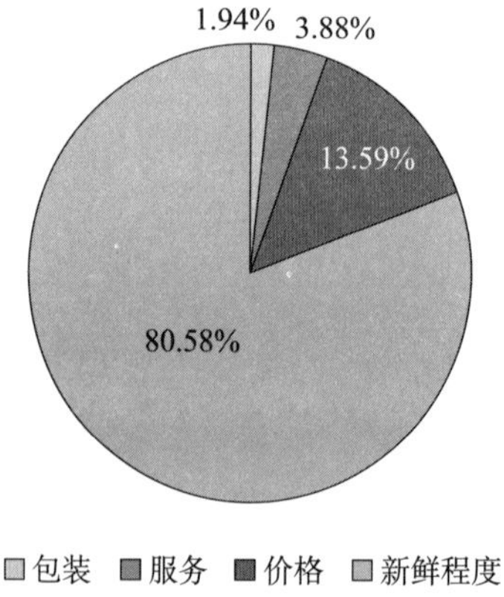

图6　购买水果时对各方面的偏好程度

2. 消费者购买水果的渠道偏好

研究数据显示大部分消费者购买水果时会选择到超市和农产品市场中购买，只有11.65%的人会选择在网上商店进行购买。综合上面消费者购买水果时看中质量这一点，能够间接地分析出消费者不会选择在网络上购买的原因大部分都是因为消费者对网络上的商品质量持有怀疑和不信任的态度，又因为购买后在想因为质量原因退回也有着很麻烦的程序，所以大部分消费者不愿意尝试，同时现在的超市里面水果种类已经足够消费者们挑选，所以大多数消费者会选择到有质量保证且能够看到实物的超市进行购买（见图 7）。

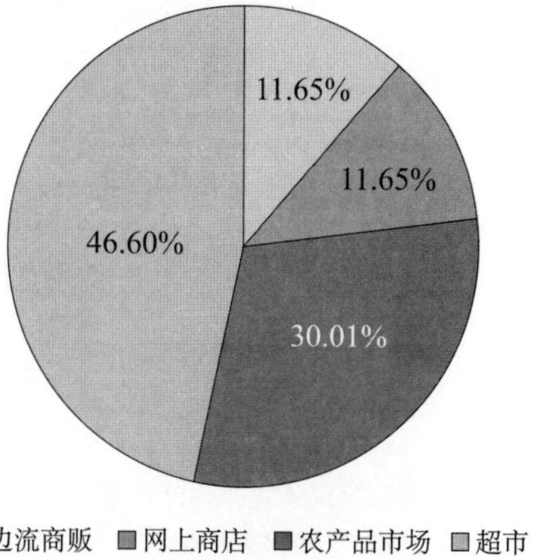

图 7 消费者购买水果的渠道偏好

3. 消费者购买水果的次数偏好

根据下面的折线图大致可以看出 18 岁～35 岁的年龄段有超过 2/3 的人是每月只购买 1～2 次水果，这类人群大多都是学生和职场人士，他们的生活节奏都是十分快速的，因此大多数没有非常多的时间花费在挑选水果上，他们大多数会选择一次性购买一个月或者半个月的水果放在家里随吃随拿（见图 8）。

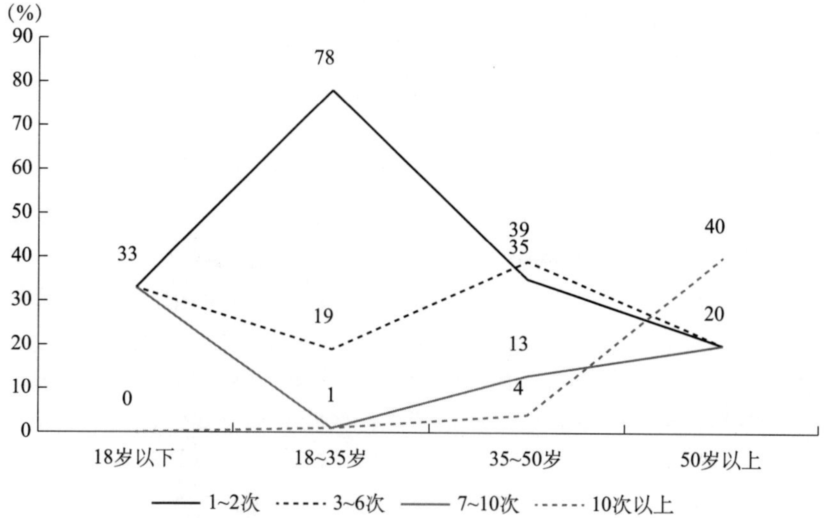

图 8 消费者每月在盒马鲜生和 7FRESH 上购买水果的次数

总体来看，大部分的人群都会选择购买 1～2 次的水果，因为水果基本成为了人们的必需品所以基本上每天都会摄入一定量的水果，但是快节奏的生活不能让人们每天抽出时间精心的挑选自己需要的水果，同时现在的家庭储存设备都非常好，可以很好地在家里储存新鲜的水果，根据这种情况来看，盒马鲜生可以根据大数据观察大多数的人群购买水果的规律来制定满减或者优惠等活动，可以吸引一定量的消费者。同时由于这样的购买次数，可以在可行的情况下采取对于水果等生鲜类产品实行预订的服务或者定时配送的服务，3 公里内半小时免费送达。这样既能保证消费着的消费体验感，又能满足更多的消费者的愿望。

4. 消费者的支付方式偏好

首先我们可以得出大多数到盒马鲜生去消费的顾客为 18～35 岁的人群，这个年龄段的人群都有一个特点就是消费水平高，此年龄段的人大部分都为大学生或者在职的工作人员，这些人具有容易接受新鲜事物并且喜欢尝试新鲜事物，他们对于互联网等平台的信息接受也最为迅速；其次，通过我们在店内的观察，发现更多的消费群体是具有较高收入且平时工作繁忙的家庭来盒马鲜生购物，并且这类高消费群体基本上都不会随身携带现金，大多都会选择方便快捷的网上支付方式（见图 9）。

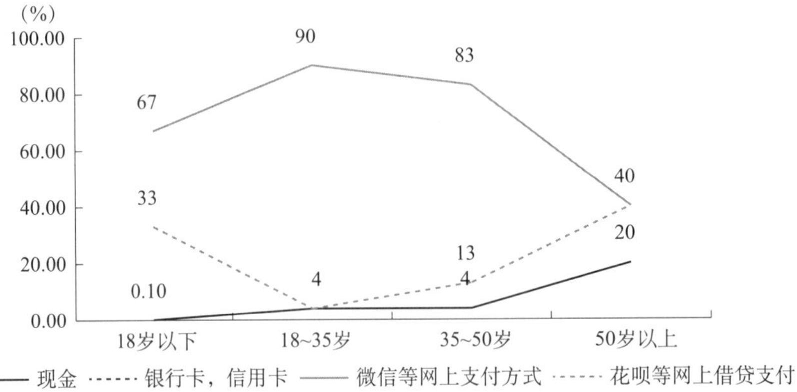

图 9　不同年龄段对支付方式的偏好程度

本次问卷中 50 岁以上的消费者中，仅一人偏好于使用现金。总体来说现在网上支付的普及已经覆盖得很全面了，大部分的人都会选择网上支付的方式，因此盒马鲜生必须通过 APP 进行网上付款的方式不会对消费者产生很大的困扰，但是也涉及有些消费者不愿意下载 APP 进行付款和购买，导致丧失掉一部分的顾客，因此新零售等平台可以尝试开发一些小程序，依附其他常用软件来进行支付等功能，或许可以减少顾客的流失。这种网上进行支付和购买的做法有利于实行会员制留住顾客，通过大数据容易对顾客的消费行为进行统计分析，从而更好地进行管理与服务。例如，盒马鲜生可以根据消费者的消费次数或每次消费时的消费金额等来设计一些对消费者有吸引力的活动，对提高销量有着非常重要的作用。

5. 消费者对配送时间的偏好

对于水果新零售的配送时间来说，近 50％的人认为一个小时是能够接受的范围，甚至还有 12.62％的人认为两个小时内也可以接受，所以我们可以看出水果并不像药品或者餐饭这样的产品对时间的要求很高，所以新零售商家可以在保证水果新鲜程度的同时适量延长保证的配送时间或者根据路程的远近来改变保证的配送时间，这样可以增加部分消费者的购买，提高销量（见图 10）。

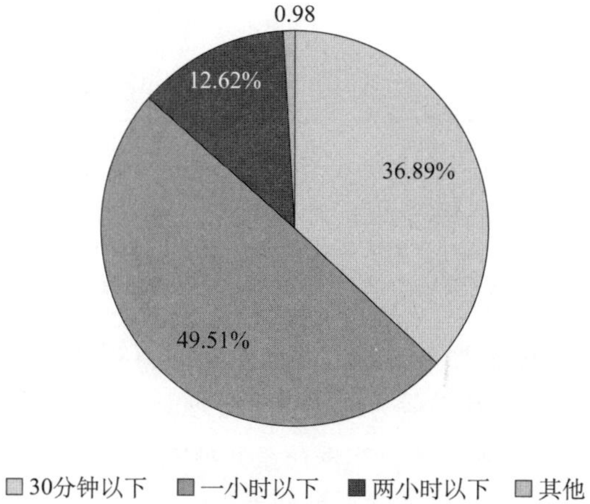

图 10　消费者对配送时间的偏好

（三）消费者对现阶段新零售商店的不满之处

根据数据显示来相对于售后服务和配送等来说不管男性和女性都认为新零售的价格水平偏高，且他们都觉得种类偏少。

首先，通过下面的数据，能够非常明显看到有 50％以上的人都是希望可以降低价格的。盒马鲜生和 7FRESH 的定位都是中高消费的超市，所以商品的定价都较高的。它们由于自身的定位确实不应该存在过低的降价，过低的价格会使超市本身的定位在消费者心中变得模糊，影响超市的形象。但是，其价格也不宜过高，过高的价格很容易让消费者找寻其他的商品进行替代。由于水果的营养价值高且味道鲜美，现在已经逐渐变成人们生活中的必需品，每个人每天都会摄入一定量水果。同时售卖水果的店铺也遍地都是，可以替代盒马新生和 7FRESH 的商店数不胜数，甚至已经出现了因价格昂贵而倒闭的店铺。例如，位于苏州昆山新城吾悦广场店成为盒马鲜生 3 年来首家关闭的门店。原因是因为选址考虑不周受到附近低价大卖场的挤压等。因此虽然消费者对水果的品质和质量有着很高的要求，但是过高的价格并不会让人们产生购买欲望，甚至可能会出现反感心理，所以水果的定价需要全方面地考虑，通过对周边水果零售行业的调研来进行定价，确保不会被周围店铺过分挤压。在一些特定的节假日中，可以通过促销活动来吸引一部分顾客，也可以削减掉部分消费者因价格昂贵而产生的摇摆心理，促使消费者成为本店的忠实顾客（见图 11）。

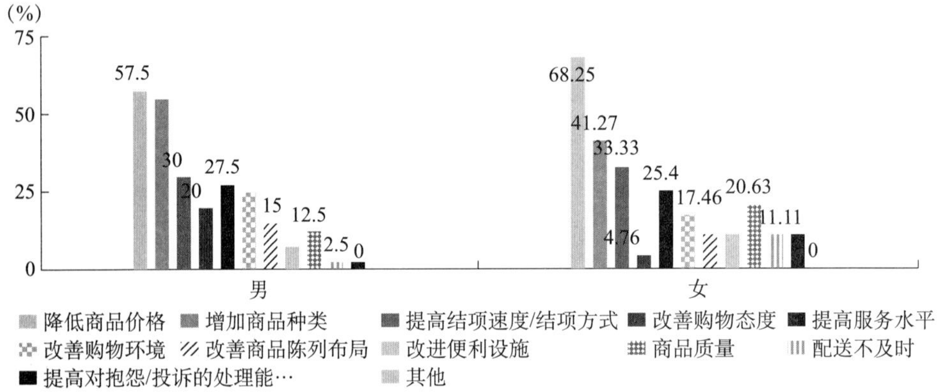

图 11　消费者认为水果新零售店铺需要改进的方面

其次，售卖水果商品种类少。为了保证水果的新鲜度和质量，盒马鲜生经常与原产地合作，但是水果在运输等方面的安全管理问题又有着不小的麻烦。由于水果受季节影响非常大的特殊性，部分水果在盒马鲜生的 APP 上某个时间段是找不到的，这也为盒马鲜生的痛点，销售的水果种类较少。同时，经过调查可知，有一些日常生活中经常食用的水果，例如，香蕉、黄桃、葡萄、提子等在 APP 上都不能搜索到。盒马鲜生有时过于追求水果的品质，会导致种类少且贵，因此很难留住顾客进行二次购买。本节认为过于高端的产品并不是店铺维持形象或者吸引消费者的好方法。价格既要满足店铺定位还要有足够种类的产品供消费者挑选才行（见图 12）。

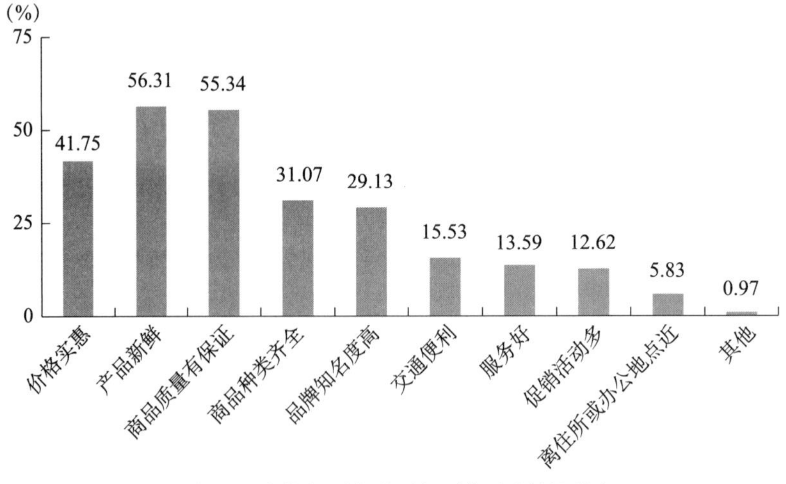

图 12　消费者愿意购买新零售水果的原因

（四）消费者们愿意购买新零售水果的原因

经过调查能够看到选择购买新零售水果的消费者们大多数是对新零售这个品牌的信任，认为在新零售超市中购买到的产品在水果新鲜程度和来源质量上都是有保证的，这是占比最多的一部分。之后就是价格实惠和商品种类齐全，所以从这些上面能够体会到消费者们对水果购买的一种观念，现在大部分消费者还是比较重视质量、价格等基础性问题，对于其他的服务是可以在忍受范围内的。因此，新零售如何在保证产品质量、价格的同时创造出更多可以引导或者吸引消费者前来购物的东西是继续考虑的。

下图是消费者在消费时最为看重的事情的数据分析，占比最多的是方便快捷，紧随其后的是价格优惠、产品质量、种类丰富，以上都是在问卷中多次提到过的因素，可以看作从事水果新零售必须要具备的条件。但是在下图的问卷中可以看到有 17.48％的人提到了模式新颖，从这我们能看出消费者对水果零售行业模式创新的期待。消费者也想要尝试新的零售模式能够带给他们怎样不一样的体会与感受。因此，新的模式消费者们乐于接受，现在要吸引更多的商户加入到新零售，新零售还需要不断地完善与创新才能更好地满足消费者的需求，创造更好的消费体验（见图 13）。

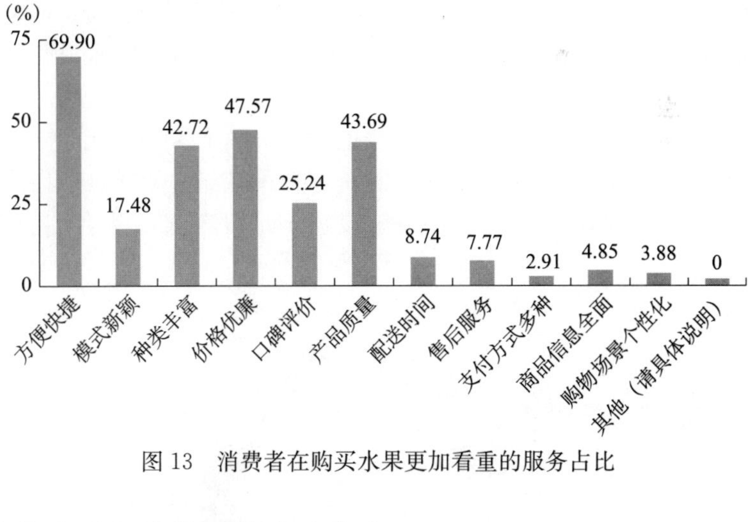

图 13　消费者在购买水果更加看重的服务占比

（五）消费者对新零售品牌的满意度

在此次问卷中部分题目是采用李克特量表法进行的调查，其中包括对产品质量、种类、价格、服务等满意程度。

1. 消费者对新零售整个行业的前景态度

首先对于新零售的未来和预期有 43.69％的人非常赞同新零售符合整个行业

的发展趋势，零售业应该向新零售靠拢，寻找创新模式。有 36.89%的人比较赞同，对新零售的相关内容还不甚了解，有一定的疑虑，但也认为新零售的模式有一定的发展前景。剩下的消费者基本持有中立态度，对这类新模式也是新奇但有着怀疑态度（见图 14）。

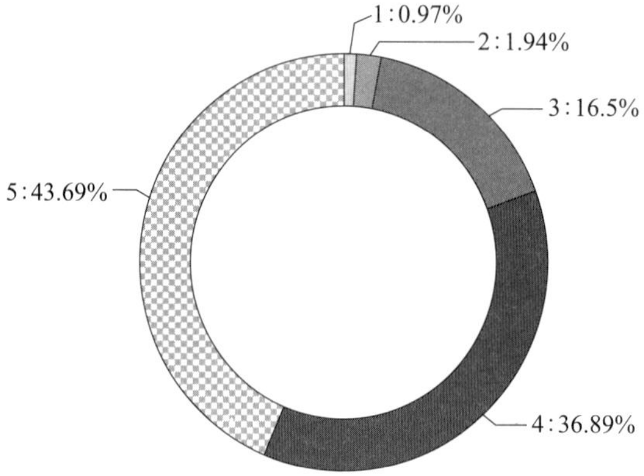

图 14　消费者对新零售行业的前景态度

2. 消费者对新零售整体形象的满意度

对盒马鲜生的总体形象有 32.04%的人是认为非常满意的，46.6%的人认为是比较满意，17.48%的人认为新零售的形象是一般水平的，根据这个满意度来看新零售的品牌并没有在消费者心中留下非常深刻的印象，它就像是一个流量品牌，只是在开始走入人们视线的时候，人们对它产生好奇，纷纷投入新零售的店铺中购物，但是并没有在新零售的店铺中找到归属感和非常巨大的吸引力，一个新零售的牌子在现阶段还不足以激起消费者们心中的浪花（见图 15）。

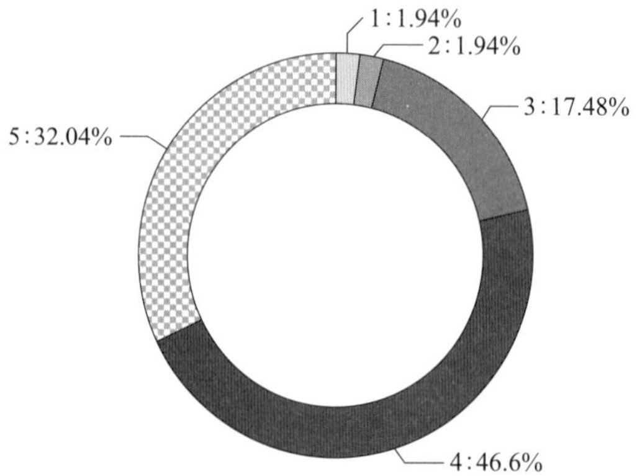

图 15　消费者对新零售的购买整体满意度

3. 消费者对购买新零售的产品是否认为物有所值

在调查中发现有30.1%的消费者是认为新零售的商品是物有所值的，他们认为他们支付的价款换来了同等价值的商品和服务。有44.66%的人认为新零售此阶段的商品和服务质量还可以有提升，但已经基本满足消费者新零售商品及服务的期待，有21.36%的人认为新零售的商品服务和其他传统零售商店及服务的质量没有感受到重要的区别，有极小一部分人认为对新零售的商品及服务质量持否定态度。面对现在社会上众多的商家店铺和各类型的商品，想要全部满足消费者的要求是很难做到的，新零售可以在满足消费者更多地附加值服务上下功夫，让消费者们在认知上能够接受自己得到了同等价位的服务（见图16）。

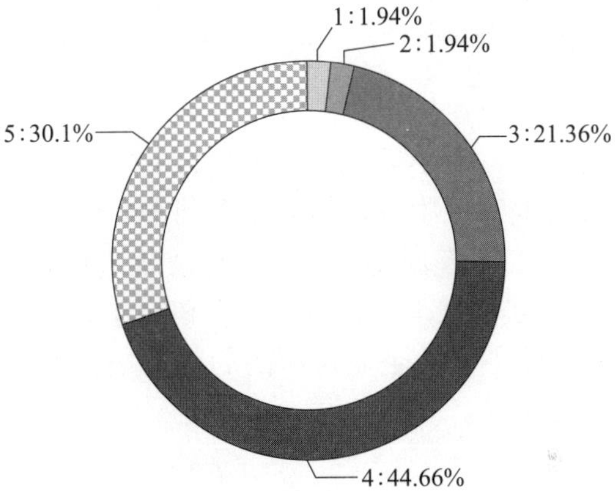

图16 消费者对新零售产品是否物有所值的态度

4. 消费者对新零售投诉处理情况的满意度

对于新零售在处理投诉中，在消费者中认为满意投诉处理情况的占比31.07%、比较满意的占比40.78%，所以大部分的消费者对于新零售现阶段的投诉处理满意程度还是比较高的，但是也有很多的消费者并不是很满意新零售应对投诉的情况。现阶段这种情况是违背新零售的理念的，新零售的基本理念是要对消费者负责，为消费者的体验考虑。达成消费者对新零售的满意程度，售后服务是非常重要的一环，决不能忽略，新零售在这方面要下足功夫，谨慎地解决如何降低投诉率和提高解决投诉的效率（见图17）。

5. 消费者对新零售售后服务是否更满意或更信任线下实体服务

数据显示有32.04%表示更信任线下购买，44.66%的人认为比较信任线下购买，只有较少的一部人信任线上购买的水果。这样的数据原因与新零售的主推售卖产品是一些海鲜和蔬果有很大关系，消费者更愿意在线下的实体店购买蔬果和海鲜的很大一部分原因是因为，线下的实体店我们可以很直观地感受到水果的新鲜程度，并且可以便捷、快速地找到负责人，这类蔬果产品在线下购

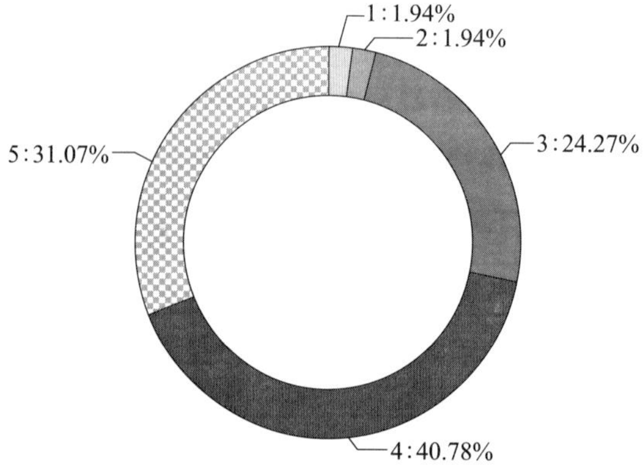

图 17　消费者对新零售投诉处理情况的满意度

买更让消费者放心。因此现在新零售的线上与线下相结合的方式，可以起到让消费者们放下一定的戒心，敢于尝试在网上进行购买，因为所购买的水果都在实体店铺挑选之后送到顾客手中的，即使出了问题，顾客想要追究责任和索要赔偿也更加方便，明确对该商品负责的人是谁。顾客在使用盒马鲜生、7FRESH 等新零售 App 进行线上购买时，也会相对于在其他的商户上购买更加从容，有保障。因此，新零售类企业在产品的质量把关上一定要做到极致，免除消费者对产品质量的顾虑。

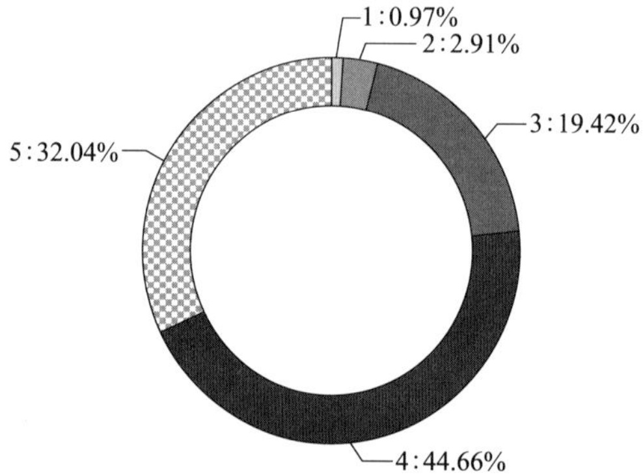

图 18　消费者是否对线下消费者更为满意

6. 消费者对新零售的产品满意度

通过调查发现，消费者们对新零售的产品质量非常满意的占比 31.07%、比较满意的占比 46.6%，种类非常满意的占比 32.04%、比较满意的占比 44.66%，所以新零售商品的种类和质量现阶段是可以满足绝大一部人的。新零售的理念极其重视消费者的体验感受，然而这类感受受产品质量和种类影响极大。新零售类商店的商品绝大部分选取高质量的产品进行售卖，商品的口感是一方面，商品的来源也占有很大一方面的原因，因此今后如何让商品渠道透明化，让消费者掌握商品的所有信息数据，实现卖家和买家信息上的互通。不仅逐渐寻找真正提高商品质量的渠道，同时让消费者们能够相信新零售商品的质量，使消费者买得放心，没有顾虑才是真正地做到了提高产品质量（见图19、图20）。

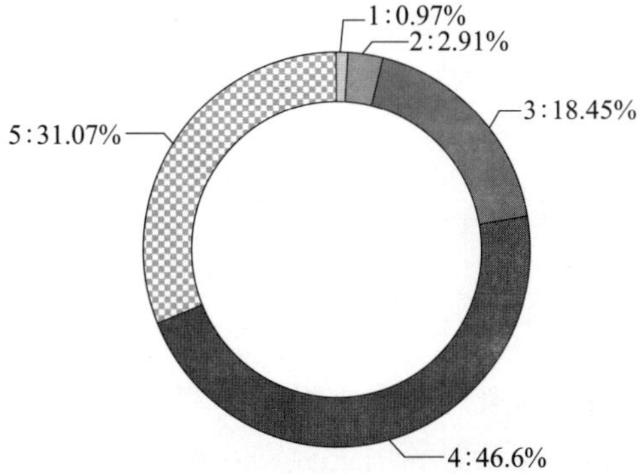

图19　消费者对新零售产品质量的满意度

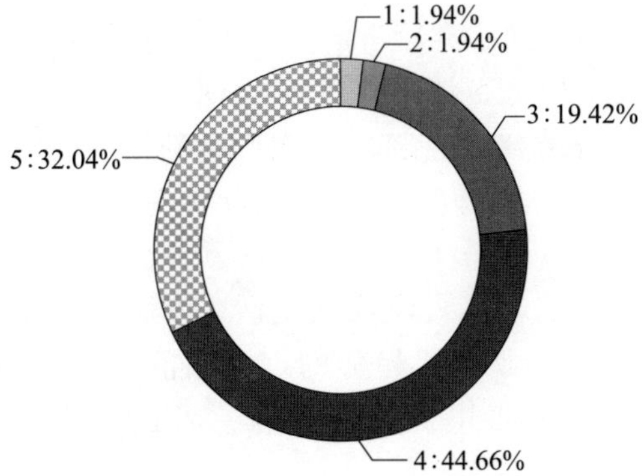

图20　消费者对新零售产品种类的满意度图

综合整体看，新零售在消费者心中还是比较满意的，其中得分最低两项是消费者对新零售商品是否物有所值的态度和对于投诉处理情况的满意度两个方面，这两方面的问题也皆是反映了新零售面对的核心问题，即如何让顾客有着更好的顾客体验感受是迫切需要面对和解决的问题（见表1）。

表1　　消费者对新零售各类问题的满意度

问题	平均分（分）
对盒马鲜生产品质量的满意度	4.03
对盒马鲜生提供的产品种类的满意度	4.04

续表

问题	平均分（分）
综合盒马鲜生的商品、价格、服务来看，是否物有所值	3.99
是否更信任线下的实体服务	4.04
对新零售店铺投诉处理情况的满意度	3.97
对盒马鲜生总体形象的满意度	4.05
是否看好新零售的模式	4.20

四、水果新零售行业目前存在的问题

（一）盒马鲜生的品牌知名度低

新零售在消费者心中的概念是非常模糊不清的，这种新型的零售方式还有待去挖掘、去研究。现阶段先要利用这种创新型理念，利用消费者追求新鲜事物的心理，让更多的人了解新零售、认识新零售、扩大新零售的受众群体，最终达到快速提高销量的目的。

新零售是对商品的生产、流通与销售过程进行升级改造，进而重塑业态结构与生态圈，并对线上服务、线下体验以及现代物流进行深度融合的零售新模式。线上线下和物流结合在一起，才会产生新零售。这样的结合如何提升了顾客的购物体验，这其中有哪些环节是为消费者的需求增加的新模式等，有很多的问题还需要以盒马鲜生为首的这些新零售行业向消费者去宣传。虽然现在或许还不能体现到新零售模式在生活中对人们的影响有多大，但是不得不承认它是符合零售行业发展趋势的，增加消费者对新零售行业的感知，也会引起从事实体零售或者电商平台的经营者们的重视，促进新零售业的发展。

（二）水果新零售行业的商品品质不被消费者信任

大部分人吃水果都是即时性需求，传统的电商物流时间需要 3 天左右，周期长，而且物流成本高，需要冷链配送。水果新零售的出现，突破了这种壁垒，让消费者能够吃到新鲜的水果，但是水果的即时配送是一个很大的挑战，其面临配送渠道，配送人员以及配送科技手段等多方面的挑战。同时由于此其类行业刚刚兴起，大部分的消费者对新零售持有怀疑态度，对新零售的商品的质量、新鲜度、产地等保证都不够信任，再加上水果这类特殊商品尤为重视品质保证，也就形成了很厚的壁垒。水果新零售应寻找可靠的方式冲破壁垒与消费者建立信任关系，让企业对产品品质的追求被消费者认可。

（三）定价较贵，不易形成重视顾客

水果新零售行业由于其对自身的定位，其商品的销售价格大多都是较为昂贵的，再加上水果的可替代产品很多，许多消费者在体会过了一次新零售的服务之后，就很难再产生继续消费的兴趣，想要将顾客发展成忠诚顾客难度较大。

面对高端超市的定位，虽然可获得的单笔利润较高，但是同时存在着低的消费频率的特点。在不能直接降低价格的情况下，就需要通过其他的方式来让消费者间接感知到价格在降低，从而使更多的消费者能够接受商品的价位。由此可以进行促销活动，所以促销的主要目的在于刺激消费者的购买欲望，增加购买频率，但是在向顾客推广的促销活动若没有给消费者留下深刻的印象，也就没有达到激发购买欲望的目的，就是无效的促销。

（四）在产品的进货上有待改进

由于水果新零售行业的定价高，因此消费者对于水果质量要求是非常高的，水果来源地变成了消费者非常关注的一件事，也成为提高消费者对店铺信任度的关键因素。

盒马鲜生在产品进货时的质量上要做好把关，网络上有许多的宣传报道是关于商品质量差的，而这对新零售行业带给顾客极致购物体验的愿景是相背离的，也是非常致命的。

新零售这类定位高端型的超市，除了提供质量更好的商品，在商品进货时的种类选择上更应区别于其他普通超市，因为有许多消费者是因为周边超市没有而专门到盒马鲜生的门店内进行购买的。同时，线上商城售卖的商品种类应与线下实体店保持一致，及时更新，避免消费者在线上进行订购但线下无货的困扰。在保证超市提供的商品质量没有问题的同时，如何把进货信息传递给消费者，让消费者信任店铺，即如何使商品的进货渠道更加透明，值得盒马鲜生进行深层次的思考。

（五）水果新零售行业缺少差异化服务

新零售行业的核心是“顾客体验”众多商家也致力于如何把客户体验做到极致，让店铺不再只是消费者前来选购的地方，让消费者在店铺内找到归属感，体会到店铺无微不至的关怀。如何来提升消费者体验的质量也是新零售行业现阶段需要慢慢摸索的内容。

基于消费者年龄、家庭人口等方面的不同，他们的消费特点也会有很大的区别，水果新零售行业针对不同消费者可以通过进行差异化服务使消费者体会到超市细致入微的服务，提高消费者的购买效率，更加方便消费者。这样易形

成顾客黏性，有利于形成忠实顾客，但目前很多的水果新零售行业却没有利用到这一点。

五、针对水果新零售行业提高消费者购买意愿的参考建议

（一）水果新零售行业要充分利用网络社交平台提高品牌知名度

就新零售在消费者心中的普及程度能看出来新零售行业的宣传力度非常不足，水果新零售行业要打造自身店铺的品牌文化，突出自身特色。利用“新零售”的热潮带动品牌知名度的提升。在给消费者普及“新零售”企业的创新之处时，也宣传品牌的文化。

企业自身可以利用公众号、微博、APP 直播等现今非常爆的网络信息传播地进行推广，在网络上把关于店铺的内容要做到及时告知消费者，利用图片、文字等吸引消费者的关注。如今，社会化媒体非常火爆，新零售也可以借助现有的社会化媒体平台，利用各平台上的知名人士的意见提高品牌在消费者中的知名度，同时鼓励体验过服务的消费者在各平台上进行分享，利用消费者的社交圈子进行宣传。

但是，也要注意现在网络社交平台繁多，消费者们每天会在网络上接收到非常多的信息，所以要充分利用大数据信息，进行精准营销，提高营销信息的宣传效率，提升自身店铺的知名度。

（二）水果新零售行业应完善物流配送模式

水果新零售行业可以找到更多有质量保证的供货源，从而可以在供货地直接发货。除了水果供应地的选择外，精准控制库存也是可以使消费者体验高质量的配送的保证。利用大数据对消费者需求进行分析和预测，提供库存方案，为供货商提供供货方案，充分发挥出大数据的功能。[2]在确保供货方商品质量有非常高的保障时可以采取就近配送，这样既能节省企业成本又能更好地提供服务。在配送中企业应学会加强与周边的零售业和物流企业的合作，最理想的局面是能够使负责各个环节的物流公司之间建立共享平台，达到互利共赢。

（三）水果新零售行业应积极创新促销方式

水果新零售行业由于其对自身的定位，其商品的销售价格大多都是较为昂贵的，再加上水果的可替代产品很多，许多消费者在体会过了一次新零售的服务之后，就很难再产生继续消费的兴趣，想要将顾客发展成忠诚顾客难度较大。因此新零售行业需要更多的促销方式来吸引消费者，降低消费者对价格的敏感

程度。

传统的促销方式主要有打折、降价、满减、积分兑换等，在这些方式中现在最受欢迎的促销方式是满减。如今网络的发展使人们的沟通越来越便捷，向好朋友推荐自己喜欢的东西也越来越频繁，因此朋友之间一起买东西的次数也越来越多，满减变得越来越适合人们的购物需求。所以盒马鲜生定期地实行满减的方式，可以刺激很多的消费者与朋友一起去购买。现在还有一种促销方式为“1 元换购”，其方式主要为加 1 元可换购高价的商品，这种促销方式利用消费者对数字的敏感性，造成一种比例偏见，这样实际上通过计算发现并没有打很低的折扣，但消费者会感觉到自己省了很多的钱，利用这种偏差刺激消费者的消费，对于盒马鲜生类的高端超市很适合这种促销方式。

除了促销，还需要增加顾客互动，通过线上线下的小游戏来接近与顾客间的距离，保持情感上的联系，在消费者参与活动的同时，间接地宣传现在正在举办的促销互动，使促销活动可以宣传到更多的消费者，增加促销的效果。通过互动游戏的方式能够增加促销活动的趣味性，能够更好地提高促销方式的效果。

（四）水果新零售行业要优化进货渠道

水果新零售商品的质量和进货渠道有着直接的关系，所以应该对当地的种植和培养条件等方面综合考虑，保证货源产品是可靠的，这种可靠不仅是质量上的可靠，也要保证数量上的可靠。同时，商品在运输等方面的安全管理问题也不能忽略，运输出现问题对新鲜度要求高的产品质量也会造成不小的影响。

盒马鲜生保证了良好的货源，那么将供应地展示出来，让商品进货渠道透明化，使消费者掌握商品供货地的信息数据，实现卖家和买家信息上的互通。可以效仿 7FRESH 提供的“魔镜”技术，只需对商品上的二维码标识扫描，感应显示屏可以提供商品的一系列相关信息，相比传统超市，“魔镜”技术能让消费者直观地了解到商品的产地、储存天数、运输方式等具体信息，此举使消费者们更加相信商品的质量，消费者买得放心，没有顾虑才真正做到了提高产品质量。

（五）水果新零售行业要提升服务水平

新零售行业的核心是“顾客体验”众多商家也致力于如何把客户体验做到极致，让店铺不再只是消费者前来选购的地方，让消费者在店铺内找到归属感，体会到店铺无微不至的关怀。如何来提升消费者体验的质量也是新零售行业现阶段需要慢慢摸索的内容。

除了在购买过程中的服务，对消费者购买后的服务同样要重视，一定要让消费者购买得没有后顾之忧。水果新零售行业的售后问题存在非常大的问题，在各个平台上的网站所能查到的关于各个新零售商家的评价中售后问题占据了很大一部分，所以要加强服务人员的服务水平，提高售后服务的效率，一定要做到消费者投诉的每一个问题都能切实得到解决，不然这与新零售行业重视顾客体验的品牌文化是相违背的，在消费者心中也很难强化品牌形象。

（六）水果新零售的个性化服务建议

新零售在服务方面必须要非常重视，盒马鲜生这种的“新商业”核心就是客户体验，服务对客户体验有着至关重要的作用。例如，一度有消费者说，在盒马鲜生买的榴莲怎么那么生。其实这些榴莲要放一放、成熟一些再吃；但放到什么时候，顾客没有把握。洞察到这一需求，盒马把所有的榴莲下架，然后研究怎么更好地卖榴莲。盒马下架了所有的榴莲后，给店员做榴莲专业知识培训，让他们可以为顾客做现场的专业指导，然后又开发出可以比对榴莲成熟度的“色度卡”。如今，消费者再去盒马买榴莲，都会看到现场有这么一个“色度卡”，会显示这个榴莲成熟度几分、几号食用日期最佳。消费者一下会觉得，这个体验太棒了，我愿意在盒马买更多的东西。盒马现今想要做到颠覆性的客户体验，在客户体验上要不遗余力。

除上述的服务外，盒马鲜生还可以根据消费者的年龄，家庭人口等不同制定不同的销售方式，比如根据家庭人口的不同，制定商品数量不同的包装，让每一个家庭都能直接找到适合自己家人口食量的包装，还可以利用大数据分析忠实顾客经常购买的商品种类，从而为消费者定制每日菜谱等内容。盒马鲜生应该致力于把客户体验做到极致，让店铺不再只是消费者前来选购的地方，让他们在店铺内找到归属感，体会到店铺无微不至的关怀。

（七）重视对员工服务水平的提高

严格审查店员并且定期进行培训来提高员工素质，消费者的要求在日益增多，只有将店员的专业素质不断提升跟上消费者的要求程度，才能使消费者感受到最棒的体验，更好地保证消费者权益。同时，要通过直接服务消费者来适时地了解消费者的需求，对企业制定个性化的服务有非常大的帮助。并且可以提升消费者对企业的好感，拉近消费者与企业的关系，建立更加忠诚的客户关系。[3]

（八）新零售要把握质量，扩展商品渠道，提高配送效率。

如果想要提高配送效率有时只靠自身的力量是做不到，一个企业要有自知之明，明确企业的重点工作在什么方面，对于其他的服务内容可以联合他人。

在配送物流上可以联合大型超市和知名企业以及接纳私人的种植户或者售卖商店。但是接纳更多的私人贩卖户就对商品质量的保证有了更高的要求，如今国内水果的价格之所以不能达到进口水果的价格大部分原因是因为在同一批水果中农民没有择优挑选和包装加工的意识，因此大多数的水果不能达到消费者满意的程度。水果新零售行业在选择货源时要谨慎挑选，可以帮助果农分拣优质果实同时以优惠的价格购买到果农的水果，通过加工包装在店内销售。新零售行业对私人种植的散户有着非常大的推动作用，同时各地的优质种植地可以为水果新零售行业接纳更多的客源。

水果新零售行业因为水果商品的特殊性，它的物流配送范围比较局限。为了保证部分消费者的消费体验，只配送 3 公里以内的订单，但是 3 公里的顾客群体毕竟还是少数，如果可以通过更高的技术提高分拣效率等问题那么便可以适当的扩大配送范围。以盒马鲜生和 7FRESH 为例，他们的物流配送方式皆采取自动化传输系统，线上和线下共享采购资源，运用大数据进行商品匹配和商品精选，商品到店、上架以及线上 APP 接受订单后的拣货、打包、配送，通过悬挂链、电子价签、智能分拨等技术手段，提高线上线下流转效率，形成完整、高效的物流体系。[4]但是这种物流技术还是太过复杂，时间长，不能满足范围更远的消费者，同时网上还存在着大量的顾客因配送问题的投诉，因此物流技术及设备需要更加智能化，更好的提高配送效率和加强配送的准确性。

企业还可以找到更多有质量保证的供货源，从而可以在供货地直接发货，或者对 3 公里外的顾客提供预订配送服务等也可以满足更多的顾客。除了配送技术，精准的控制库存也是可以使消费者体验高质量的配送的保证。利用大数据对消费者需求进行分析和预测，提供库存方案，为供货商提供供货方案，充分发挥出大数据的功能。在确保供货方商品质量有非常高的保障时可以采取就近配送，这样既能节省企业成本又能更好地提供服务。企业应学会加强与周边的零售业和物流企业的合作，最理想的局面是能够使负责各个环节的物流公司之间建立共享平台，达到互利共赢。伴随着科技的发展，未来还有可能使用 5G 无人机进行物流配送，[5]因此新零售行业在科技方面的创新不能落后，应一直进行科技创新，更加高效精准地为消费者服务。

六、水果新零售在政策上的建议

（一）指明方向

实体零售是商品流通的重要基础。改革开放以来，实体零售一直保持高速增长。由于科学技术以及大数据信息技术的发展，更多人投身电商平台，再加上社会生活的快节奏，人们选择了方便快捷的电商平台来进行购物，导致实体店的经营受到了很多的危机，关店现象频繁发生。

现在整个零售行业又发生了重大的转变，人们逐渐不能满足于电商购物平台，越来越需要实体店铺来增加消费者体验感从而建立消费者与卖家更深的联系。通过店铺的内部设计以及购物时带给消费者视觉、听觉、触觉等方面的内容是电商平台不能替代的，这种消费者体验已经成为了零售行业中不可缺失的一部分。

政府应出台相关意见或者发布相关数据来肯定新零售这种模式的成功之处以及单一的电子商务和实体零售的弊端。同时加强对这两类单一销售模式的扶持，勇于尝试新的销售领域，向新零售模式靠近，将线上线下相结合，提高销售。

（二）加强技术和经营经验的支持

要以体制机制改革构筑发展新环境，以信息技术应用激发转型新动能，推动实体零售和单一的网上销售平台向新零售靠拢。

实体零售增加线上平台，需要相关的技术人才进行相应的指导，例如，设计网站、APP 等，建立好相应的网上平台是使销售增加的第一步。若没有经营的经验，店铺也会淹没在网络的海洋中，这也是为什么不敢轻易尝试线上平台的经营，对网站等维护支出是需要大量费用的，所以必须要保证线上店铺能提高实体零售的知名度。

同时还应该进一步加强我国农产品质量体系的建设。消费者在消费过程中容易因信息不对称而造成对企业缺乏信任。因此，可以制定标准化产品质量标准能够帮助消费者判断产品的质量，减缓消费者因为感知的顾虑而造成放弃购买。一是要加快步伐推进生鲜产品标准化和国际化体系建设，严格制定生鲜产品检疫检验标准；二是通过信息化手段，如大数据，区块链建立产品的溯源机制，从源头把控产品质量。[6] 由此增加消费者对企业的信任是非常重要的。

（三）出台政策

推出相关政策，例如，加强网点规划、减轻企业税费负担、加强财政金融支持、开展试点示范带动等。通过政府组织的各活动来推动新零售的发展，以及帮扶中小实体零售店铺和单一线上平台向着新零售的转变。

七、总结

新零售本着一切以人为本，真产品、实价格、零距离。事实证明，这是水果零售业要去追求的模式，水果店好的经营模式就是线上线下的联动。用户在线下进行体验后，直接在线上购买。通过手机随时随地下单，还可以作为礼品赠送，这就是对比传统实体店的优势。

新零售现在面向的主要消费客户是中青年一代，拥有多方位的消费能力，在注重商品功能和价格的同时，更关注商品的品质和创新性，这与新零售的创新理念相一致。新零售积极搭造“人”“物”“景”模式。

在构造“人”方面，利用大数据精确分析消费者的需求，分析用户消费诉求，切实满足客户多元化需求，从而提供更优质贴心的服务；在“物”方面，提供更优质的商品，在商品品质上追求精益求精，同时融合线上线下，甚至到原产地采购优质生鲜产品，倡导追求品质生活；在“景”的搭建方面，构造一种独特的生活愿景，同时看重消费者体验，因为体验具有最直观感触，满意与否体验一番就可以感觉出，不用像传统模式一样，要先购买再体验，可以改变消费者以往的消费习惯。以上种种都验证了新零售的成功以及其符合零售行业的趋势，需要作出改变。但是现今新零售仍是只面向新青年，对于一些老年群体还需要更加多的营销方案和策略，去迎合不同的消费者。

要打造一个水果新零售平台，需要寻找专业的研发团队或者互联网应用软件供应商来提供专业的水果新零售系统开发。任何一种营销模式都需要借助专业的技术保持对市场的警惕，让新零售能与时俱进才能不被当今飞速发展的社会淘汰。

本文参考文献

[1] 王淑翠，金雪军．线上线下融合发展　打造“中国新零售示范之城”[J]．杭州，2019（39）：16－19.

[2] 孙晓红．新零售背景下传统零售企业的转型升级策略探讨[J/OL]．现代营销（下旬刊），2019（11）：72－73[2019－12－04]．http://kns.cnki.net/kcms/detail/22.1256.f.20191120.1620.082.html.

[3] 陈雅．从“盒马鲜生”谈新零售生鲜卖场的经营困境和对策[J/OL]．中国商论，2019（22）：3－4[2019－12－04]．https://doi.org/10.19699/j.cnki.issn2096－0298.2019.22.003.

[4] 张颖，许弢，余思敏．新零售背景下物流配送模式的发展趋势研究[J]．中国商论，2019（21）：17－18.

[5] 林军．打造新零售示范之城　引领新时代美好生活[J]．杭州，2019（39）：10－15.

[6] 陈思聪．新零售视角下生鲜产品消费意愿研究[J]．现代营销（经营版），2019（12）：114－116.

北京市液态奶品牌消费驱动影响

学 生 姓 名： 吴 倩　王若琦　王 璐　马澳辰　龚 蕊
指导教师姓名： 王惠惠

摘 要： 主要通过了解北京市液态奶品牌现状和北京市消费者对液态奶消费需求，通过问卷调查、实地调查、统计分析、文献分析等方法来调查北京市消费者的消费习惯，覆盖购买决策过程，并以三元奶为例，调查其在市场的知名度、推广度、明确三元品牌液态奶销售的各个环节对消费的障碍与驱动。

通过研究发现，液态奶生产销售的各个环节对消费者购买的影响力不同。其中消费者普遍认为液态奶的生产质量很重要，因此液态奶生产者应注重质量的提升，也有消费者认为其营养含量十分重要，通过这次科研，可以使液态奶在消费者之间的曝光度增加，促使人们更多地购买液态奶。

关键词： 北京市；满意度；消费；液态奶；品牌

一、基本情况

（一）液态奶现状研究

本次调查选取了市场上占主流地位的31个液态奶品牌，通过电话号段抽取、网络调查2种方式对全国具有不同消费特征的31个省份、9000余名消费者进行了消费者满意度调查。结果显示，2016年我国液态奶行业满意度指数、品牌形象、感知质量和感知价值指数与2015年相比出现了不同程度的下降；高温灭菌奶仍然是市场上的主流产品，但巴氏杀菌奶的增长趋势和认可度不容忽视；消费者对于液态奶的营养需求正在向多元化方向发展；消费者定期饮用液态奶的比例呈逐年上升趋势，但消费者平均饮用量与健康机构推荐饮用量仍存在一定差距；大型超市仍然是普通消费者购买液态奶的首选渠道。

消费者定期饮用液态奶的比例逐年上升，与推荐饮用量仍存在差距。2016年，定期饮用液态奶消费者比例进一步提升，已达到77%。结合饮用量来看，“70后”和“80后”消费人群的饮用量十分接近，六成人每次饮用量在250毫升至500毫升，年长者每次饮用液态奶多在250毫升以下。

随着年龄的减小，每次饮用量达到250毫升至500毫升的比例越来越高，说明中年和青少年人群对液态奶的需求量大于中老年人群，相比较健康机构推荐的日均饮用量300毫升来看，消费者的平均饮用量还有一定差距。

（二）主要特色

根据数据结果，可以让商家知道当下驱动消费者消费的因素是什么，并且可以根据自己的发展结合科研调查数据进行改良升级，从而吸引更多消费者，使消费者满意度上升。

可以让消费者更深入地了解到液态奶的好处，并在以后的生活中可以更多地着重自己所需所购买液态奶。提高该行业服务体验及服务满意度。

二、调查后发现的问题及分析

在分析之前，组员事先调查了三元牛奶以及三元系列的产品结构，主要是液态奶，特别是低温奶，奶粉仅作为调剂。三元牛奶市场主要靠的是高端奶产品，无论从材质、技术还是包装，都让高端奶具备了礼品的属性，更因牛奶的独有营养特色契合了现代人重视品位、崇尚健康的消费心理与消费习惯。

（一）口味偏好

我们这次调查女士比男士喝酸奶的人数多且喝奶的频率高。这主要是因为人们普遍认为喝酸奶对皮肤好，加之比较甜的口感受到更大比重的女性消费者的青睐。在这些喝酸奶的人群中，以年龄为19～25岁的人为主。主要原因是酸奶可增强人体免疫功能，常喝酸奶除了能促进肠胃消化，对皮肤有好处。并且他们有很强的好奇心，乐于接受新鲜事物，酸奶的功效及口味对他们的吸引力很强。

从调查数据中开始分析三元牛奶的品牌竞争，发放问卷时，在超市发现其中女性、青少年和老人居多，问卷中女性也是占据了比较多的比例。由此分析三元牛奶的品牌竞争时一致认为应该分析一下主要购买的群体，青年人最多，老人其次，这证明了在牛奶市场主要的客户还是老年人和青少年。

（二）价格

经过仔细地分析了一下购买牛奶的每月价格，70％的人只愿意花费1元至100元去购买牛奶，上网搜集了三元牛奶的资料，发现三元牛奶的价格偏低，虽然走的高端奶路线，没有著名的高端品牌产品。在蒙牛、伊利等牛奶本身价格并不高，但是也推出高端产品的背景下，三元牛奶在这一块正好是空缺的，三元牛奶的营销渠道就更窄了，所以在这个问题上，一致认为三元牛奶可以推出更多种类的产品，打造自己的高端品牌，拓宽新生产线，来提升三元牛奶的竞争力和影响力。

搜索了三元产业的最新动态时，发现三元产业开始拓展超高端牛奶时代，为了区别伊利、蒙牛，三元必须要跳出“乳蛋白的数字战”，不强调乳蛋白含量；换个跑道做第一。强调三元极致牛奶“远离偏营养，不仅是乳蛋白！一滴三元极致，36 份营养!”在这个营养为主的时代，三元牛奶完全可以提升层次，抢位超高端。做出自己的品牌竞争。

（三）品牌效应

在人们购买牛奶时没有特别品牌偏好或有一个钟情的品牌时，但也会买别的品牌占比相同，都是 41.77％的人选择。这说明大家对品牌的在意程度不是特别高，没有固定消费习惯的消费者也很多，顾客反而更在意牛奶的价格和质量，比如当日促销或推出新产品都会吸引人们购买不同品牌的牛奶。蒙牛、伊利等牛奶就进行很大的广告投入和促销力度。这样能吸引很多没有固定消费习惯的消费者购买。这一方面三元做得就不是很好，三元的品牌传播以及广告比起蒙牛、伊利的就要少了，在三元的大本营也不常看见三元的广告。

选择牛奶品牌的原因占比最大的是产品安全，有 94.94％的人选择了这个选项。这说明了绝大部分消费者更倾向于健康饮食。首先三元集团每次产出牛奶都会经过 30 多次检验，确保其安全问题，让品牌更有保障，让消费者买得更加放心。这也使三元品牌的市场占有率更高；其次便是价格、营养成分和口味。分别有 40.51％、50.63％和 70.09％的人选择。这证明了顾客在关注牛奶安全的同时，还关注价格和质量。也就是说，现在的消费者更喜欢购买物美价廉的牛奶。在这方面三元的品牌就是劣势，三元以生产高端商品而占据市场，所以成本较高，要想获得利润，就要提高价格，所以三元牛奶就缺乏价格竞争力。这方面较好的是伊利，伊利的质量也很好，但其价格却相对低廉，比起三元更加有竞争力。三元的质量很有保证。三元集团的生鲜牛奶进入奶仓，直至包装成各种产品，三元牛奶不与外界环境接触，避免了环境对产品质量的影响。也让消费者买得更加舒心。

（四）了解途径

调查显示，1.18％选择通过看电视的方式了解促销，3.53％的人选择通过报纸杂志的方式了解促销，9.41％的人选择通过网络的方式了解促销，2.35％的人选择通过户外广告的方式了解促销，83.53％的人选择通过现场促销的方式了解促销。通过我们的调查结果来看，相较线上的促销方式，人们更喜欢线下的促销方式。人们认为线下的促销方式，可以更加直观、明确地了解商品的质量，而且线下的促销方式为销售方与顾客提供了一个面对面交流的机会。有利于情感的表达，更能引起顾客共鸣。随着网络技术的发达，人们更多选择从网上获取信息。因此，线上的推销也应受到重视。其本质问题是不能知道商品的质量。因此，我们可以进行线上线下相结合的方式：在现场促销时如果顾客觉得酸奶值得购买，那么让他们发朋友圈告诉他们的朋友，并做集赞的优惠的活动，这样的推广包含了线上和线下，而且线上的推广更有说服力、更能让顾客放心。

三、建议

第一，过高的市场价格是液态奶市场现在急需解决的问题，现在市场液态奶价格普遍在 5 元至 10 元，少部分袋装奶在 2 元至 3 元，少部分高端奶价格在 10 元以上，而高于 10 元的酸奶与普通酸奶的差别多在于其精美的外观和其里面酸奶的添加物。作为生产厂商应该提升生产液态奶的技术，创新液态奶生产技术从而降低酸奶生产成本，降低花在包装上的成本，因为现行市场流行的反而是简洁 ins 风。

第二，厂商根据人群需求可以改变原有液态奶包装并且增加液态奶功效，现在市场上的液态奶多为插管、袋装或者是盒装，而瓶装奶品种少且贵，在瓶装的基础上，增加奶品种，例如运动型液态奶，为健身的人群提供维生素、蛋白质等营养，并且方便携带；为正在学习中的学子提供益智型液态奶，增加钙铁锌等营养，喝不完还可以放在书包里，而袋装奶就不能做到随喝随带，还可以向三元学习，在线下开展牛奶体验工厂，家长可以带着孩子亲自去体验，不仅让孩子们知道更多关于奶制品的知识，还可以提高品牌的知名度。

在自媒体流行的社会也可以，采用网络红人在他拍视频时去喝其品牌的液态奶，让粉丝会在逛超市时看见这款液态奶就会想到他在网上见到主播喝过，也会一定概率购买。

第三，商家可以利用多种促销方式及促销组合吸引顾客，降低消费者购买成本以此吸引购买，增加销量。可设立“第二件半价”“买二送一”“满 20 元送杯子”等活动吸引消费者，这不仅促进商家提高在销量，也让消费者有种“赚了”的心理，从而促使其去购买。

本文参考文献

[1] 中国乳液，2016（12）.
[2] 农业知识·科学养殖，2017（01）.

第三部分

管理机制问题研究

京郊草莓采摘消费特征分析

学 生 姓 名： 张倩瑞　赵鑫瑶
指导教师姓名： 刘瑞涵

摘　要： 本文主要研究了消费者到昌平区域草莓采摘消费方面的内容，采用了文献研究法、调研数据统计分析法等研究方法，获取消费者在京郊各产区草莓园采摘消费的主要行为特征和消费偏好，包括出行方式及其成员组成结构、出行意愿的决策影响源，出行消费结构、对采摘园产品、服务及综合环境的评价和重点诉求等。得出的主要研究结果包括被调查者的采摘信息方面分析、昌平草莓采摘园整体主要功能满意度分析、被调查者的背景资料总结分析，研究发现采摘人群和采摘成本方面存在的问题是采摘的大部分人群来自周边区县，消费人群有局限性以及到昌平区草莓采摘园的采摘的成本普遍偏高，针对这些问题，本文提出了加大宣传、送货上门、降价等参考建议。

关键词： 采摘信息；满意度；背景资料；图表分析

通过实地调研获取大量数据加以统计，取消费者在京郊各产区草莓园采摘消费的主要行为特征和消费偏好。通过整理调研数据，系统分析消费者在京郊草莓园区进行采摘消费的主要特征和规律。最后依据调研结果，分别对草莓生产经营者和行业管理者提出提升产业竞争和管理水平的相关参考建议。拟解决的关键问题是在京郊周边众多采摘园中如何做到脱颖而出，满足消费者全方位需求，吸引更多消费者。本项目的创新之处是以大量的实地调研，系统而全面地分析消费者对京郊草莓采摘意愿及需求特征。

一、采摘园的发展环境及竞争背景

（一）宏观上采摘行业概况

1. 全国采摘行业概况

《关于大力发展休闲农业的指导意见》一文中提到：休闲农业是现代农业的新型产业形态、现代旅游的新型消费业态，为农林牧渔等多领域带来了新的增长点。“十三五”时期，随着城乡居民生活水平的提高、闲暇时间的增多和消费需求的升级，休闲农业仍有旺盛的需求，将处于黄金发展期。目前，休闲农业发展现状与爆发式增长的市场需求还不相适应，发展方式还比较粗放，存在思想准备不足、基础设施滞后、文化内涵挖掘不够、产品类型不够丰富、服务质量有待提高等问题，亟须提档升级。大力发展休闲农业，有利于推动农业和旅游供给侧结构性改革，促进农村第一、第二、第三产业融合发展，是带动农民就业增收和产业脱贫的重要渠道，是推进全域化旅游和促进城乡一体化发展的重要载体。

观光采摘园是随着近年来生活水平和城市化程度的提高以及人们环境意识的增强而逐渐出现的集旅游、观光、采摘、休闲度假于一体，经济效益、生态效益和社会效益相结合的综合性产物。观光采摘园将生态、休闲、科普有机地结合在一起。同时，生态型、科普型、休闲型的观光采摘园的出现和存在，改变了传统农业仅专注于土地本身的大耕作农业的单一经营思想，客观地促进旅游业和服务业的开发，有效地促进了城市经济的快速发展。因此，观光采摘园的规划建设用破与立的方式而非传统的果园生产建设以“城市—农田”作为一个城市整体出发点，强调了与城市生活的对话，形成了“可览、可游、可居”的环境景观，构筑出了“城市—郊区—乡间—田野”的空间休闲系统。

2. 北京采摘行业概况[1]

《关于加快休闲农业和乡村旅游发展的意见》一文中提到：休闲农业和乡村旅游是北京都市型现代农业的重要组成部分，是推进城乡一体化发展的重要内容，是落实“绿水青山就是金山银山”的重要载体，在推动农业供给侧结构性改革、建设美丽乡村、带动农民就业增收、传承农耕文明等方面发挥着重要作用。首先，我们要加强基础设施建设，改善休闲旅游环境；其次，我们要创新产品，优化休闲农业结构；再次，我们要推进资源整合与产业集聚，优化区域布局；加强宣传推介，培育知名品牌；最后，我们要强化培训服务，优化创业环境。休闲农业和乡村旅游是重要民生产业和新型消费业态，要从战略和全局的高度深化认识，高度重视、大力支持，营造良好的发展环境。

北京是中华人民共和国首都、直辖市、国家中心城市、超大城市，全国政治中心、文化中心、国际交往中心、科技创新中心，是中国共产党中央委员会、中华人民共和国中央人民政府和全国人民代表大会的办公所在地。北京位于东经115.7°～117.4°，北纬39.4°～41.6°，中心位于北纬39°54′20″，东经116°25′29″，北京的气候为典型的北温带半湿润大陆性季风气候[2]。虽然从《北京统计年鉴》关于农业观光园方面数据来看，2005年开始到2016年农业观光园接待人次呈上升趋势，2017年和2018年稍有下降，但相比10年前人数翻了2倍之多。农业观光园的总收入也是呈上升趋势。不论从气候还是文化底蕴以及人流量来看，在北京的采摘园都会有很好的发展空间。北京郊区的休闲采摘果园在质量上逐渐成为高品质旅游的代名词，吸引了大量游客前来体验观光，它充分满足了城市居民回归自然，亲近自然的旅游诉求，同时路途的便利、农业观光园的接纳程度较高，使这一市场成为具有巨大消费潜力的市场（见图1）。

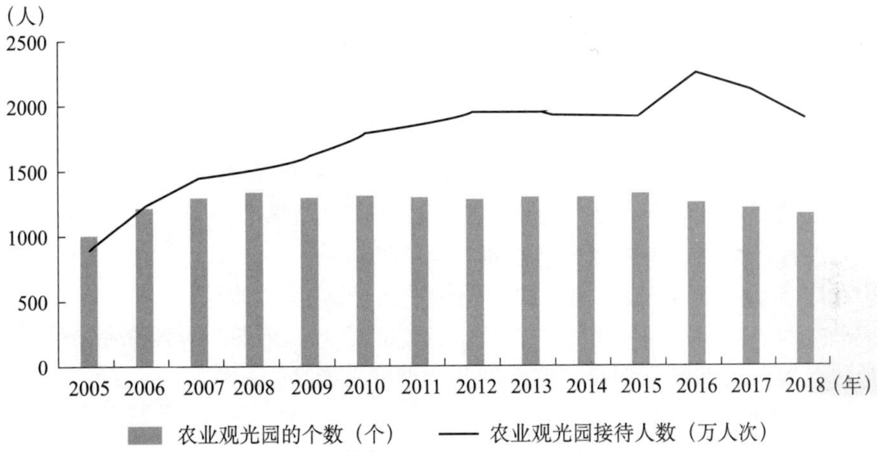

图1　农业观光园个数及接待人数

资料来源：北京市统计局网站。

（二）微观上草莓采摘行业概况

昌平具有生产草莓的优越自然禀赋。昌平区位于北纬40°，这一纬度是国际公认的草莓最佳生产带。昌平区属暖温带大陆性半湿润半干旱季风气候区，全年四季分明，年平均日照时数2684小时，年平均气温为11.7℃，无霜期为200天左右，年平均降水量为550～600毫米，满足草莓生长的各项气候指标。昌平草莓产区位于山前暖带，昼夜温差大，草莓生长期光照充足，有利于草莓糖分的积累和风味的形成。作为一种浆果，草莓极其不耐储运，稍有不慎就会挤坏、烂掉，对储存、运输的环境、时间要求极高。昌平地处京郊，草莓产区距市区仅30公里，区位优势明显。地处近郊，还可发展观光采摘休闲产业。草莓的采摘期长，在冬春长达半年的时间里，草莓一直有果可采。在北方地区，草莓是唯一可以在冬季采摘的鲜果，市场竞争压力小。虽然昌平区是北京市主要的草莓产地，但昌平区并不是北京市唯一拥有草莓采摘园的地区，北京市顺义区、北京市大兴区、北京房山区等均有草莓采摘园的分布。昌平区的草莓采摘园自然而然地与其他区县的采摘园对当地居民在采摘草莓消费产生竞争，但不可否认的是昌平的草莓品质对比其他区县仍具有较大的优势。

二、关于消费者到昌平区草莓园的采摘情况的调研结果分析

（一）研究背景

1. 调研背景

2019 年 1 月至 5 月，由调研人员到兴寿镇农业嘉年华对草莓采摘的家庭或个人发放问卷并回收汇总。

2019 年 6 月至 7 月，项目人员对问卷数据进行筛选及录入问卷星进行整体分析。

此次调研主要以问卷为主，问卷中应用了李克特量表等量表技术，问卷主要涉及被调查者的采摘信息，昌平草莓采摘园功能满意度被调查者背景资料，三大类内容。使用了不重复抽样技术。

2019 年 8 月至 10 月，对此次课题做书面总结。

本次调研共回收问卷 148 份，其中有效问卷为 148 份，有效率 100%。部分参考数据来自知网部分文章、百度词条、百度文库。

2. 被调查者基本信息

（1）性别：被调查人共计 148 人，其中男性 68 人，占比 45.95%，女性 80 人，占比 54.05%。

（2）年龄段：18～23 岁 23 人；24～34 岁 54 人；35～44 岁 36 人；45～54 岁 20 人；55～64 岁 11 人；65～74 岁 3 人；75～84 岁 1 人。被调查者中 36.41%年龄阶段为“24～34”。

（3）文化程度：初中及以下 13 人；高中/中专或职高/技校 20 人；大专 33 人；本科 61 人；研究生及以上 21 人。被调查者的文化程度大部分为“本科”，共有 20 个，占比为 40.0%。

（4）职业：党和国家机关、群众团体和社会组织、企事业单位负责人 17 人；专业技术人员 48 人；办事人员和有关人员 22 人；社会生产服务和生活服务人员 23 人；农林牧渔业生产及辅助人员 24 人；生产制造及有关人员 14 人；军人 4 人；其他 16 人。从职业来看“专业技术人员”相对较多，比例为 32.43%。

（5）和被调查人常住的人口：常住人口为 0 人的 1 人；常住人口为 1 人的 1 人；常住人口为 2 人的 28 人；常住人口为 3 人的 50 人；常住人口为 4 人的 29 人；常住人口为 5 人的 31 人；常住人口为 6 的 7 人；常住人口为 7 人的 1 人。被调查人中：学龄前儿童，没有的 130 人，有 1 个的 17 人，有 2 个的 1 人；小学生，没有的 119 人，有 1 个的 26 人，有 2 个的 3 人；中学生，没有的 122 人，有 1 个的 25 人，有 2 个的 1 人；在读大学生或研究生，没有的 114 人，有 1 个的 31 人，有 2 个的 3 人；离退休人员，没有的 80 人，有 1 个的 17 人，有 2 个的 48 人，有 3 个的 1 人，有 4 个的 2 人；在工作的，没有在工作的 9 人，有 1 人在工作

的 15 人，有 2 人在工作 110 人，有 3 人在工作的 10 人，有 4 人在工作的 4 人。

（6）年收入情况：不多于 1 万元的 1 人；1.1 万～5 万元的 9 人；5.1 万～10 万元的 31 人；10.1 万～20 万元的 32 人；30.1 万～30 万元的 29 人；30.1 万～40 万元的 29 人；40 万～50 万元的 13 人；50.1 万元以上的 4 人。从家庭成员每年的总收入范围来看，样本中“30.1 万～40 万元”相对较多，比例为 19.59%。

（7）在 148 个被调查者中只有 2 个不是来自北京，在 146 个居住在北京的被调查者中，有 25 个来自昌平区，14 个来自海淀区，11 个来自大兴区。剩余的被调查者分布在其他区县（见表 1）。

表 1　被调查者基本信息

类别	样本特征	有效百分比（%）
性别	男	45.95
	女	54.05
文化程度	初中及以下	8.78
	高中/中专或职高/技校	13.51
	大专	22.30
	本科	41.22
	研究生及以上	14.19
年龄	18～23 岁	15.54
	24～34 岁	36.49
	35～44 岁	24.32
	45～54 岁	13.51
	55～64 岁	7.43
	65～74 岁	2.03
	75～84 岁	0.68
	≥85 岁	0
年收入	≤1 万元	0.68
	1.1 万～5 万元	6.08
	5.1 万～10 万元	20.95
	10.1 万～20 万元	21.62
	20.1 万～30 万元	19.59
	30.1 万～40 万元	19.59
	40.1 万～50 万元	8.78
	≥50.1 万元	2.70

资料来源：根据调查结果整理。

（二）主要调研结果分析

1. 被调查者的采摘信息方面分析

（1）自驾车出行者远远多于其他交通方式出行的总和。

采摘的出行方式：本次调查问卷中关于出行方式有：自驾车、公交车、组团包车、出租车、骑自行车或电动车、坐专线旅游车、坐单位车、坐亲朋好友家车、其他等。本次被调研采摘人员共计 148 人，其中自驾车 91 人，占总人数的 53%；坐公交 14 人，占总人数的 8%；打出租的 5 人，占总人数的 3%；组团包车的 2 人，占总人数的 1%；骑自行车或电动车的 7 人，占总人数的 4%；坐专线车的 8 人，占总人数的 5%；坐单位车的 21 人，占总人数的 12%；坐亲朋好友车的 25 人，占总人数的 14%。最终得出结论：自驾车的占了 1/2 以上，公交的只占了 8%，随着采摘行业的发展，本着绿色出行的宗旨，与公交行业适当联手，既能发展绿色行业，又能为北京的蓝天做贡献（见图 2）。

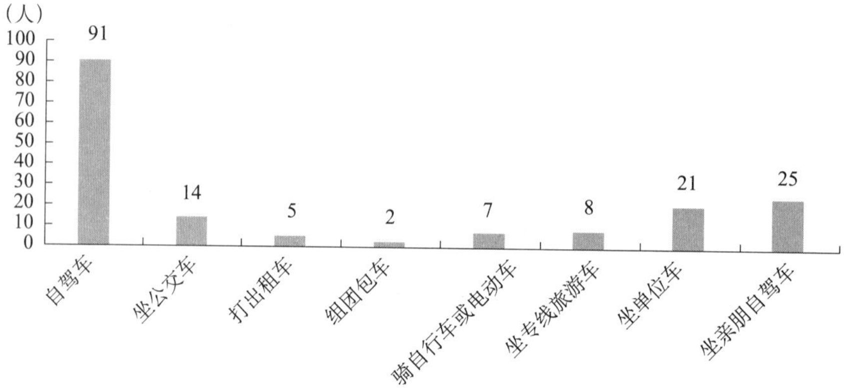

图 2　被调查者去往采摘园出行方式

资料来源：根据调查结果整理。

（2）休闲娱乐成为当今普罗大众闲暇时间的热点。

本次调查的行程特点有两种：专程为采摘而去；顺便路过。总调查人数为 148 人次，其中专程采摘来的人次是 96，占比为 65%，顺便路过的则占 35%。这说明随着人民生活水平的提高，休闲娱乐逐渐成为主题。

（3）被调查者普遍花费的经济成本高于时间成本。

被调查者的平均单程路程为 39.44 公里，单程平均花费时间为 61.45 分钟，平均在园内停留时间为 2.61 小时，平均采摘量为 3.5 千克，采摘平均花费为 229.6 元。

2. 昌平草莓采摘园整体主要功能满意度分析

（1）多数消费者对于采摘园周边情况较为满意。

对于采摘园周边景观、交通便利性及餐饮住宿条件虽然与本身采摘园并无直接联系，但它却决定了消费者对采摘园的直接印象，问卷数据表明63%被调查者对于这三个方面都满意。证明有大概四成被调查者认为采摘园周边情况还有待提高（见图3）。

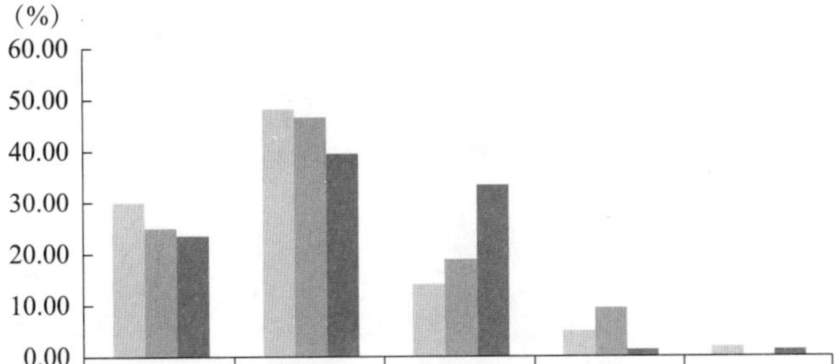

	很满意	较满意	说不清	不满意	很不满意
采摘园周边景观	30.41%	48.65%	14.86%	4.10%	2.03%
交通便利性	25%	46.62%	18.92%	9.46%	0.00%
周边区域的餐饮住宿条件	23.65%	39.86%	33.78%	1.35%	1.35%

图3 采摘园周边情况

资料来源：根据调查结果整理。

（2）大多数消费者对草莓采摘园的服务质量感到满意。

对于采摘园的服务质量多于80%的被调查者感到满意，但仍有20%的被调查者表示说不清、不满意。这说明草莓采摘活动的丰富性还有待提高（见图4）。

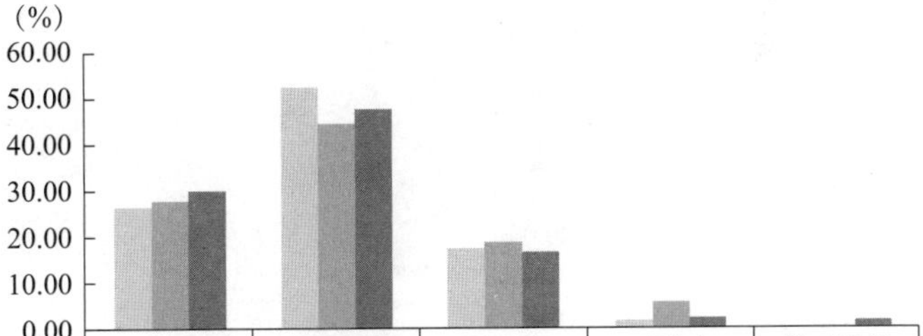

	很满意	较满意	说不清	不满意	很不满意
采摘园服务质量	27.03%	53.38%	17.57%	2.03%	0.00%
与草莓采摘活动的丰富性	28.38%	45.27%	19.59%	6.08%	0.00%
草莓园自身特色	30.41%	47.97%	16.89%	2.70%	2.03%

图4 采摘园服务质量

资料来源：根据调查结果整理。

（3）草莓采摘园产品的质量得到消费者认可。

对于草莓品种的丰富性，38.51%的被调查者感到很满意，41.22%的被调查者感到比较满意。也就是说，采摘园目前的草莓品种可以满足79.73%的被调查者的需求。83.11%被调查者对于草莓口感感到满意。对于这两个方面采摘园做得不错（见图5）。

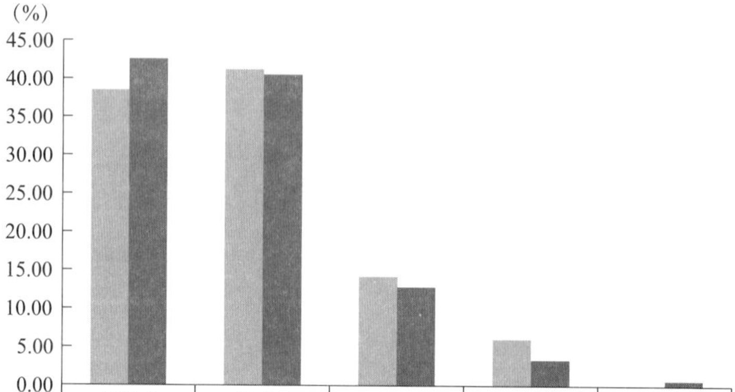

	很满意	较满意	说不清	不满意	很不满意
草莓品种的丰富性	38.51%	41.22%	14.19%	6.08%	0.00%
草莓口感满意度	42.57%	40.54%	12.84%	3.38%	0.68%

图5　采摘园产品的质量

资料来源：根据调查结果整理。

（4）大多数消费者很重视草莓采摘园的功能多样性。

被调查者都很注重草莓采摘园的功能性，超过80%的被调查者认为这四项功能重要，尤其是注重提供农民就业和收入功能以及提供多样性农产品功能。这两项占比最高。这说明采摘园要多加重视文化传承以及国家政策导向（见图6）。

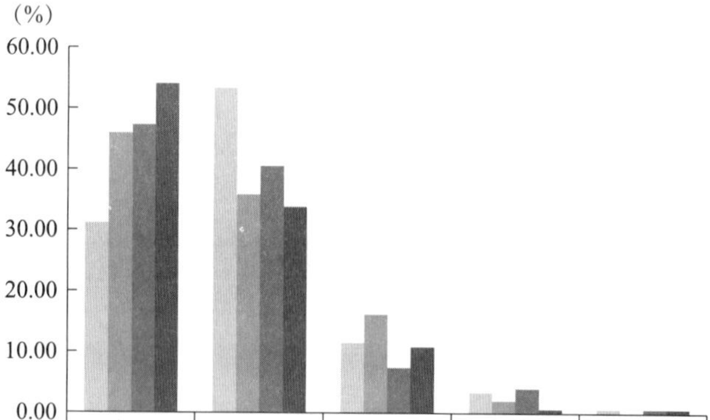

	非常重要	重要	一般	不重要	很不重要
旅游、观光、休闲和体验功能的重要性	31.08%	53.38%	11.49%	3.38%	0.68%
农业文化传承及美学功能	45.95%	35.81%	16.22%	2.02%	0.00%
提供农民的就业和收入功能	47.30%	40.54%	7.43%	4.05%	0.68%
提供多样性的鲜活农产品功能	54.05%	33.78%	10.81%	0.68%	0.68%

图6　采摘园的功能多样性

资料来源：根据调查结果整理。

（5）五成以上被调查者认为草莓采摘园对环境的污染和水资源的消耗程度非常重要。

超过52%的被调查者认为农用化学品使用污染环境、草莓残秧处理不当造成环境污染、消耗水资源这三项非常重要，超过27%的被调查者认为是重要的。这证明环境保护、节约能源已然成为我们大部分消费者在生活的同时十分看重的指标（见图7）。

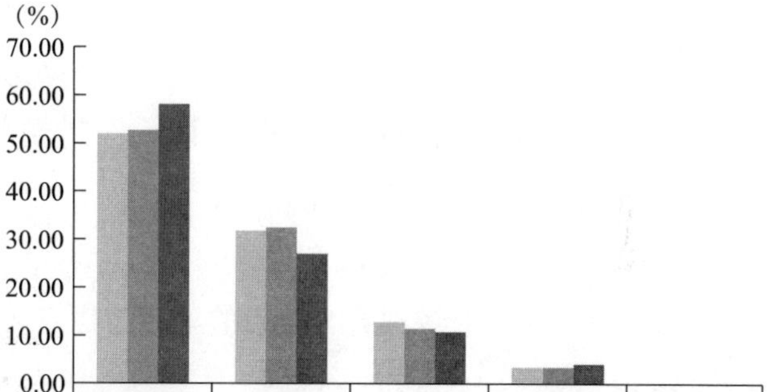

	非常重要	重要	一般	不重要	很不重要
农用化学品使用污染环境	52.03%	31.76%	12.84%	3.38%	0.00%
草莓残秧处理不当造成污染环境	52.70%	32.43%	11.49%	3.38%	0.00%
消耗水资源	58.11%	27.03%	10.81%	4.05%	0.00%

图7　采摘园对环境污染及水资源的消耗程度

资料来源：根据调查结果整理。

3. 调研时发现的主要问题

（1）到昌平区草莓园采摘的大部分人群来自周边区县，消费人群有局限性。

一是，草莓采摘园的宣传不到位。被调查者普遍了解草莓采摘园的信息来自网络，朋友圈促销、亲友或同事推荐，以及外出游玩路过。调研时了解到草莓采摘园的为周边居民，未把信息传递给大众；二是，昌平的草莓采摘园地处偏远，很多距离远的消费者宁愿选择离家近的品质不好的草莓采摘园进行采摘或上网购买不亲自采摘，选择在附近的超市、农贸市场购买。

（2）到昌平区草莓采摘园的采摘的成本普遍偏高。

超过半数的被调查者是自驾车来到采摘园，过路费及油费、住宿费、餐饮费的总和甚至超过购买草莓及其加工产品的价格。在被调查者中，大部分家庭的收入在5万～40万元，这也决定了草莓采摘园的主要消费人群。昌平草莓采摘园每斤草莓平均价格在32.8元，一些家庭消费不起如此高昂的价格。

三、解决问题的参考建议

（一）利用昌平区丰富的旅游资源进行大力宣传

昌平区内有中外闻名的明十三陵，“天下第一雄关”——居庸关，风景秀丽的十三陵水库和蟒山、沟崖、碓臼峪、虎峪、白虎涧、双龙山、白羊沟、大杨山八大自然风景区等。可以在景区允许的情况下张贴海报，利用景区人流量带动草莓园发展。

（二）与同城生鲜快递公司合作低成本送货到销售点

采用送货到销售点来减缓地处偏远的问题。既品尝到品质优秀的草莓又能足不出户。与同城生鲜快递公司合作建立一条完整的物流线路，专业人员采摘草莓后，由快递公司及时送到各个地方的草莓销售点。

（三）与旅行社合作派发班车

全市派发几条班车线路并在标着性建筑旁设置上车点，从而减少自驾车人群数量进而减轻草莓采摘成本。或者与当地旅行社合作共同盈利，既带来消费者又能为旅行社带来丰厚利润。

（四）不同品质草莓设置价格区间

在采摘园可接受范围内对草莓进行降价，让其成为可接受商品。也可以将草莓分出优劣，设置价格区间让消费者自行选择采摘草莓的价格。

本文参考文献

［1］suijiazhuang3. 北京市旅游观光采摘园规划建设初探（一）https://wenku. baidu. com/view/695853b42dc58bd63186bceb19e8b8f67c1ceff2. html，2019 年 10 月 10 日 .

［2］北京百度百科词条 . https://baike. so. com/doc/2510451 - 2652822. html，2019 年 10 月 10 日访问 .

［3］顾潇潇 . 北京郊区休闲采摘果园发展问题研究［D］. 吉林大学，2019.

［4］昌平草莓 . https://www. xiangha. com/techan/127732. html，2019 年 10 月 10 日访问 .

［5］徐堤村草莓大棚就业培训基地建设的 https://www. jinchutou. com/p - 10726303. html，2019 年 10 月 10 日访问 .

北京农业科技企业知识管理及技术创新现状分析

学 生 姓 名： 张　蕊　杨　滢　苏　萌　任小倩　董力瑄　张　靖
指导教师姓名： 李　萍

摘　要： 本研究以北京市农业科技企业为研究对象，通过整理前人的研究成果，深入研究分析当前农业科技企业知识管理及技术创新要素投入情况，针对企业创新过程中知识管理维度的构成、对创新能力的影响等问题进行深入研究，思考知识管理对企业创新能力的影响，分析企业知识管理和技术创新的特点，推动农业科技企业成为技术创新主体，增强农业科技企业创新能力。从而能提出北京农业科技企业自主创新能力的知识管理策略和建议。

关键词： 农业科技企业；知识管理；技术创新

一、绪论

（一）研究目标

本项目以北京市农业科技企业为对象，通过整理分析前人的研究成果和对问卷调查的整理和分析，在梳理相关文献和研究成果的基础上，了解现今北京市农业科技企业技术创新及对知识管理的投入情况，对企业竞争力和对企业知识管理的实施途径进行研究，希望能对农业企业科技创新投入以及知识管理工作起到一定的借鉴作用。

（二）研究内容

农业科技随着时代的发展逐步成型，逐渐在农业企业中得到应用。它将科技与市场应用结合，使科技的力量转变为生产力，促进农业企业的发展，带动农业企业经济效益。知识管理模式对企业的变革有促进的作用，两者相辅相成，使农业企业能够得到更好的发展。

1. 北京市农业科技企业技术创新及知识管理投入的基本现状分析

在新时代的背景下，科技是主要的竞争之一，新的技术的运用使农业的形态和管理模式发生改变，而这一切需要相应的技术人员、管理模式创新作为基础。了解农业科学技术及知识管理构成要素并加以分析，为农业企业发展打下坚实的基础。对于企业技术创新来说应从北京农业科技企业研发投入、创新人员、专利等方面进行分析。对于知识管理投入来说应从知识经济理论、知识管理思想和现代知识管理理念进行分析。

2. 技术创新及知识管理投入比较分析

随着农业现代化程度的不断深入，农业知识管理在农业中所占比例越来越大。同时，农林经济体制的改革，使农业科技受到了重点关注。一个企业的发展与持久取决于其对技术创新及知识管理的重视程度，而重视程度的体现相当一部分通过企业在研发领域所投入的财力、物力与人力，因此分析企业的技术创新及知识管理投入比重可以得出企业未来发展方向。

3. 拟解决问题

（1）北京市农业企业技术创新及知识管理基本现状分析。

（2）北京市农业企业技术创新及知识管理投入比较分析。

（3）北京市农业科技企业技术创新及知识管理对策及建议。

（三）国内外相关研究综述

1. 国外技术创新研究的相关文献综述

Gao 等通过研究指出在缺乏制度支持、完善立法队及透明规则的经济环境下，管理者关系能够促进企业的创新能力和创新行为，且企业吸收能力在其中起调节作用（2008）。DeviR. 和 Byung-jin 指出同步合作战略有利于中小型企业有效开发技术创新能力，基于此他们建立一个多层次的概念模型，从行业、企业层面理解竞合驱动并讨论中小企业竞合的效益和成本（2009）。Femanu、Eva 和 Jos6EmilioNavas-L6pez（2009）西班牙生物科技公司为例，实证研究该公司生物科技部的知识管理能力对引进再创新的影响关系，提出创新成果的法律保护措施，并提出知识汇总只对渐进型创新有影响，公司要保护创新成果就必须与法律保护系统合作。

Richard，C. M Yam，Esther 和 Antonio（2011）以中国香港制造业企业为研究对象，探索区域性创新系统（RIS）与公司创新系统之间的关系，公司利用其所在地区创新系统所获得的信息资源提升了公司技术创新能力（TICs）。公司从区域性创新系统中获得的信息资源包括外部信息资源和外部专家组织（被称为知识密集型商业服务，简写为 KIBS）。结论是可获取的外部信息影响了公司技术创新综合能力，而外部专家组织只影响了公司的研发和资源配置能力。Michael 和 Tammy（2009）对相关研究文献进行了评述。一些研究认为小型初创公司可以依靠持续稳定的创新想法去削弱大公司的竞争优势，还有研究认为企业规模影响技术创新能力，但第二个观点的支持度很低。分析总结以往文献提出不同研究结论的3个原因：技术经验储备、对自己公司及合作公司的技术经验的利用，将自己公司与合作公司技术经验转化为创新活动的能力。以上也是小公司与大公司的技术创新活动的差异，特别是资源流动以通过内部研发及合作创新模式获取的运营经验的传播，对于创新活动产生积极影响，但这些益处会随着企业规模的增大而逐渐减弱。这些发现充分证明大小企业之间创新动力及能力的差异导致企业创新活动的不均匀性。

Adele和Stefano（2007）实证研究了意大利农业食品企业中竞争战略与创新倾向之间的作用关系。研究专门针对一些公司的创新策略进行了分析，并认为经济和金融因素、组织结构、生产专业化、生产过程和位置环境均是创新策略的影响因素。该研究结果强调被调查的农业食品企业的各项企业行为中呈现高度多样化的创新倾向。研究数据表明，创新激励是共同作用于企业决策层的诸多影响因素的结果。同时指出，"有组织的"创新活动在企业中的作用越来越重要，技术创新活动的明显不足是公共和个人研发投资的逐渐减少所导致的。

Soo Wook Kanghwa（2009）通过分析研发和产品商品化之间动态的互惠关系，提出一种综合方法以探求技术创新如何促进公司竞争力重建；研究运用系统动力学方法调查研发投资推动技术知识积累的封闭反馈循环结构中动态因素的变化，明确产品创新和工艺创新之间的动态关系。这种知识积累实现产品创新和工艺创新导致生产效率、客户满意度、实现的利润、源于利润的研发投资的增加。研究提供了评价不同技术创新战略和任务的优、劣势的能力，同时提出不同行业环境参数、时间战略下技术创新的一般模式。

Eva和Silvia（2009）以斯洛伐克1070家中小型企业为研究对象，通过实证研究发现，影响中小型企业技术创新能力的主要因素就是企业内部的创新资金来源。Naca（2012）等认为组织创新支持技术创新，针对是否影响技术创新的持续性问题，Naciba对组织创新影响技术创新持续性进行了验证，其结果显示，组织创新对技术创新的持续性产生积极的影响。Vrande（2011）企业创新系统是一个多要素互动的过程，若仅关注单一创新变量对产出成果的直接影响是不够的。因此越来越多的研究开始关注创新结构对绩效的影响，在揭示直接作用关系的背后，需要深入挖掘创新要素是否存在巧节或中介效应。

Baraey和Clark（2007）认为资源有助于企业应用各种战略提升效率和效益，而这些资源本质上是能被组合和积累的。Aers（2005）认为战略资源是企业获取和保持持续竞争优势的关键，能促进企业形成持续的竞争优势。Teece（2007）强调了动态能力最主要的就是感知、获取和重构能力。Menon和Mohanty（2008）提出动态能力是企业制造、拓展和改善资源以应对市场环境变化的能力。正如研究中提出的，现有动态能力的概念研究对资源和能力及能力和动态能力等概念还缺少恰当明确的区分，有必要继续进行深入探讨。

2. 国内技术创新相关研究综述

朱晓明（2004）对影响重庆农业产业化龙头企业技术创新的原因进行了分析，认为龙头企业技术创新动力不足主要受到政府、市场和企业 3 个方面的影响。张利库（2007）对我国农业企业自主创新现状进行了实证分析，阐明了农业企业自主创新的特殊性及影响农业企业自主创新的因素，并据此总结出我国农业企业自主技术创新策略模型，同时认为农业企业创新平台的建设对实现农业企业自主创新策略体系具有重要作用。

杨印生，刘海存，马棍（2008）利用 DEMATEL 方法，系统分析了影响农业产业化龙头企业技术创新环境的内外部要素。高启杰（2008）以反映农业科技企业技术创新能力 26 个指标为基础，运用数理统计的方法分析了指标中的主要影响因素。肖更生，姚琼，李崇光（2010）基于过程维和风险维视角，构建了农业科技企业技术创新风险因素识别的二维模型，并对广东省农业科技企业进行了实证研究。结果表明，农业科技企业技术创新的 4 个阶段 10 类风险因素对技术创新都有影响，可以归纳为具有普遍性和阶段性的风险因素类别，从而验证了二维模型中的“过程维——风险维”。

郑丹，李萍（2012）把农业科技企业自主创新系统分为 6 个子系统，主要包括动力驱动系统、项目决策系统、技术开发系统、人才引进与激励系统、资金管理系统和外部环境系统，并深入研究系统要素之间相互作用关系，在此基础上提出了自主创新运行的基本模式。

孙美倩（2013）深入分析了农业科技企业技术创新系统的结构及动态过程，提出农业科技企业技术创新系统是由研发系统、支持系统、知识系统、环境系统四部分构成，并分析技术创新系统的运行过程。

陈志明，徐彬，揭彼纹（2012）借用易经的“中道思维”的管理内涵及对生物界种群之间的共生关系，研究了企业技术创新合作与共生系统各要素之间的称合和相互作用所形成的运行模式，并以农业科技企业作为案例，就共生管理模式进行了探讨。

田欣（2014）在农业科技企业技术创新系统分析基础上，建立农业科技企业技术创新能力评价指标并用层次分析法测度评价指标的重要性程度，提出影响技术创新路径选择的关键因素。

姚琼，许美思，张泳（2015）以 314 家农业科技企业的为调研对象，探究农业科技企业背景下技术创新模式对资源整合和企业绩效关系的影响。结果表明，内部资源整合对企业绩效有显著的正效应，但是不同技术创新模式的影响有所差异。与合作创新模式相比，自主创新模式和模仿创新模式下资源整合对企业绩效的影响更为显著。

3. 国内外知识产权现状研究

农业知识产权产业化是指通过专业化、规模化、集约化的商品生产和销售，将农业知识产权成果以知识形式转化为具有现实生产力的技术经济活动（王征兵等，2007）。农业知识产权的产业化是农业知识创造从产权到市场化运营的过程。目前，国内外学者对知识产权的产业化运营管理进行了一系列研究，但是对于农业知识产权产业化的研究甚少。关于农业知识产权产业化，楼洪兴等（2005）提出以组建股份制科技企业的形式，将技术、资金等入股企业并参与经营，以技术依托、技术控股、资金入股等方式共同搭建研发中心平台，同时以农业龙头企业为支撑，多元化、多方位合作，加速推进农业知识产权产业化。引入技术参股在很大程度上能够激发科研人员的研发热情，提高研发水平。

曾福生（2001）提出可以将风险投资机制在高科技产业进行应用，并且建立复合的投融资模式，使农业知识产权产业化发展具有坚实的资金保障。风险投资机制的引入能够为农业知识产权产业化提供资金保障，学者们早在2001年就开始研究农业知识产权产业化的风投机制引入，截至目前，风投机制在农业知识产权产业化实践中并没有得到很好运用。朱雪忠等（2009）等对知识产权证券化进行了深入研究，研究结果证明知识产权证券化也是一种很好的融资方式。宋伟等（2009）则对知识产权质押贷款方式进行细化研究，知识产权质押、知识产权托管以及知识产权证券化既是融资方式又是知识产权管理方式，只是实现的手段不同而已。

杨林堂等（2006）分析总结了农业知识产权产业化过程中存在的问题并提出：有效促进农业知识产权产业化发展，应提高农业知识产权的创新能力，加强农民和农技推广人员素质，构建完善的农业科技中介服务体系以及农业科技信息服务平台。陈明珍等（2014）以农业科技成果产业化文献为文本，利用文本分析的方法，从知识产权机制、激励机制、利益分配机制、供需对接机制以及供需对接等五个视角出发，探索农业知识产权产业化现有研究的不足。

关占良等（2012）以整个产业化过程中主体之间的关系作为切入点，对其整个产业化过程所存在的问题进行研究，提出建议搭建信息平台，提高相关主体人员素质以及发展政策性农业保险来保障农业知识产权产业化的实现。陈建玲等（2013）建议将科研单位转制科研企业模式，从经费投入、产业化渠道、成果供需、人才及现行体制五个方面探索农业科技成果产业化存在的问题以及障碍。刘照亭（2011）提出要有效快速地实现农业知识产权产业化，应该加快建立农业科技成果的综合信息共享服务平台，加快完善农业知识产权产业化体系，优化企业的投资环境，加快实现供需有效对接。

（四）项目特色

在现代市场经济条件下的农业发展，特别是增强农产品的国际竞争力，必须进行组织创新，培养现代企业。当今的世界已进入了知识经济时代。在知识经济时代，农业的发展比任何时候都更加依赖于科技进步和科技知识的运用以及知识管理模式的创新。一个国家只有同时具备强大的知识创新、技术创新、知识管理模式的创新和科研成果转化能力，才能在未来的竞争中立于不败之地。当然，作为首都的北京农业企业更加需要在技术创新和知识管理方面发展。这要求我们要充分重视农业科技知识的创新、扩散与应用以及知识管理模式多样化。在这样的社会大潮中，科技的应用和创新以及管理模式适应组织现状对于一个农业企业来说变得尤为迫切，它既是一个企业的灵魂又是提高企业竞争力不竭的动力源泉。但是，对于像我国这样一个农业企业发展还相对滞后的国家，技术创新及知识管理模式还存在许多未解决的难点和问题。北京市的科技型农业企业的发展对于中国农业技术企业是一个部分带动整体的问题，技术创新是农业企业发展的现实选择，知识管理是适应农业企业发展的必要选择，故本项目的研究对象具有新颖性。

二、项目成果

（一）农业科技企业知识管理及技术创新现状分析

研究以农、林、牧、副、渔行业从事技术创新活动的部分农业企业研发活动基本情况的连续五年的统计数据为分析基础，同时结合通过调研及访谈所获得的部分典型农业科技企业技术创新相关活动的问卷数据。分析从研发机构设置、研发人才、研发经费、专利申请及获得、新产品绩效等研发活动情况展开，而这些方面也是企业技术创新系统现状分析的最基本角度。数据来源于《北京统计年鉴》中从事创新活动的农林牧副渔行业企业的研究活动统计指标。因此，通过近五年对《北京统计年鉴》中有研发活动的属于农业企业经营范围的企业进行研发投入、产出成果与绩效等情况的分析，能够代表农业科技企业技术创新的基本现状。

1. 研究机构设置及研发人员投入

2014 年从事研究与开发活动的农业科技企业单位数量较 2013 年大幅度削减，此后三年农业科技企业数量处于下降状态。2014 年至 2017 年设置研究机构的企业数量基本稳定，尽管 2014 年以来，农业科技企业数量大幅度减少，但是设置研发机构的企业数量基本没变，且 2016 年设置研发机构的农业科技企业数量明显增加。

2014 年、2016 年研发人员较 2013 年、2015 年增幅较大，2015 年 R&D 人员投入下降幅度较大，需要关注原因。值得注意的是，2015 年、2017 年 R&D

人员与R&D人员折合全时当量下降较大（见图1）。

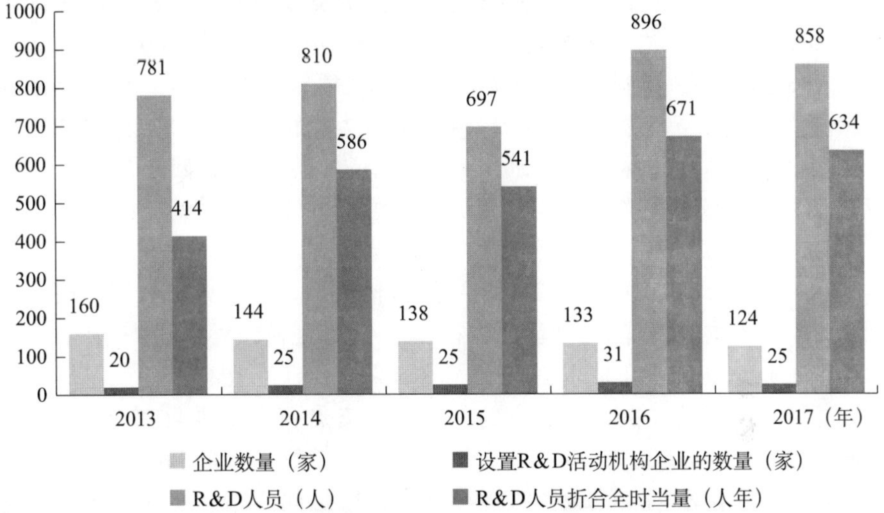

图1　研究与试验发展（R&D）活动机构设置及人员情况

数据来源：2013—2017年《北京统计年鉴》。

2. R&D经费投入

2013年、2014年从事研究与开发活动的农业科技企业R&D经费支出逐年增加，但2015年研发投入下降幅度较大，需要关注原因，此后3年一直保持稳步增长，但是增长幅度没有超过前两年。从经费来源结构可以看到，企业R&D经费来源于企业内部资金、政府资金、国外资金及其他资金，其中企业内部资金一直是主要来源，占总投入的90%以上。政府资金投入占总投入平均6.86%，其他资金占总投入平均不到2%。除2013年有国外资金来源，其他年份均无国外资金来源（见表1）。

表1　R&D经费来源及技术创新成果　　单位：万元

年份	R&D经费	经费来源：				专利申请数（件）	其中发明专利（件）	新产品产值	新产品销售收入	出口
		政府资金	企业资金	国外资金	其他资金					
2013	25845	1562	23547	312	424	131	96	290809	286110	3223
2014	26288	815	25389	0	84	139	106	308732	303459	5804
2015	20957	876	19825	0	87	116	57	191895	198232	2860
2016	23904	742	23107	0	55	157	86	326234	327791	6872
2017	268968	668	26226	0	0	200	90	420984	428061	22526

数据来源：2013—2017年《北京统计年鉴》。

3. 创新成果及转化

由表1可知，近年来，农业科技企业专利申请数和发明专利基本在逐年增加，且2017年达到近5年来最高水平，相比2013年增长了近50%；2015年专利申请及发明专利数量下降幅度较大，需要关注原因；除2015年外，其他各年新产品产值、新产品销售收入较2014年均有较大增长；2015年产品产值、销售收入、出口收入由增转降，但2016年产品出口收入呈现较大回升态势。

4. 部分地区农业科技企业研究和试验发展（R&D）活动情况比较

2010年全国第二次R&D资源清查数据显示（见表2），北京农业科技企业在R&D人员数量、R&D经费支出、科研机构数量、科研成果数量方面相比天津、重庆、上海均占有优势。但与中国东部、南部经济发达省份如浙江、江苏、广东地区农业科技企业在技术创新投入及成果方面还存在很大差距。广东、浙江、江苏三省的研发经费内部支出约占全国总支出50%，而且在R&D活动开展、R&D经费及人员投入、R&D成果（如发明专利）方面有明显优势。近年来，北京市企业技术创新资源投入逐步加大，但是同广东、浙江、江苏等创新发达省份相比差距依然较大。

表2　部分地区农业科技企业研究和试验发展（R&D）活动情况

地区	R&D经费内部支出（万元）	有R&D活动单位数	R&D人员	R&D人员全时当量（人年）	研究开发机构数	专利申请数	发明专利件数	有效发明专利件数
总计	134523	611	3116	2220	119	271	4040	78
北京	5299	18	420	130	9	4	4	13
天津	1209	5	75	60	5	50	30	0
重庆	331	3	32	23	1	1	0	0
上海	2067	18	253	205	18	32	15	11
江苏	13144	108	1388	1076	51	137	49	40
浙江	13311	97	948	726	35	47	29	14
广东	26225	56	1984	1457	61	70	43	68
山东	4770	25	386	331	16	24	16	12
湖南	7629	32	684	560	14	48	18	4
云南	4463	83	1222	837	29	86	33	19

数据来源：全国第二次R&D资源清查资料汇编［M］. 北京：中国统计出版社。

通过观察分析对来自全国农业科技企业技术创新研发经费与人员、研发机构设置、研发成果及其转化等方面的数据，能够看到北京农业科技企业技术创新能力整体情况在国内尚处于中等水平，但技术创新能力各方面发展不均衡，且个体农业科技企业之间技术创新能力具有显著差异性，技术创新核心能力也各具特色。

（二）农业科技企业知识管理及技术创新特点与问题

通过对北京地区农业科技企业统计数据及部分典型企业调查资料的分析整理，可以看到农业科技企业在知识管理及技术创新方面存在以下突出特点与不足。

1. 技术创新成果转化率低

农业科技企业技术创新资源利用水平不高，效率低。从前面的分析可以看到，2014 年发明专利最多，但企业的产值和销售收入较上一年增加幅度不大；企业出口水平占销售收入的比重很小，技术创新成果的国际市场占有率很低。由此可见，技术创新投入未能有效发挥作用，企业技术创新投入仍需进一步提升，创新程度尚需进一步提高。

2. 研发经费主要来源于企业内部资金，外部融资能力亟待加强

农业科技企业技术创新研发经费融资渠道单一，外部融资能力缺乏。90％以上的研发经费来源于企业内部资金，外部融资方式筹集的资金额不到 10％，创新经费持续投入是创新活动有效开展的可靠保障。采用不同方式、不同渠道筹集创新资金不仅有利于提高企业技术创新能力，也能够有效分散与控制创新风险。

3. 创新技术和创新人才分布不均衡

大多数掌握新型创新技术的农业科技创新人才集中于大型农业龙头企业或农业高新技术企业，这使农业科技企业技术创新人才分布很不均衡。从企业获取的实际调研数据显示，拥有丰富资源的大型企业，与高等学校、研究所、研究中心等研发机构合作较多，聘用相关领域农业专家进行合作创新。部分农业产业化龙头企业及高新技术企业，其科技人才所占比例已达到 1/3，而大多数中小型农业科技企业却缺乏科技创新人才。农业科技人才外流的主要原因是北京农业科技企业技术创新相对于技术创新发达地区的企业发展较慢，而发达地区农业科技企业对农业专业技术人才需求较大，且能够提供创新型人才所需的科研条件及待遇。因此，人才流动也是造成农业科技企业专业人才分布不均衡的重要原因。

4. 创新主体地位不突出

北京农业科技企业创新意识不强、创新主体地位不突出。创新研发机构是创新成功的组织保证，是创新精神的体现。分析发现多数农业科技企业不重视技术创新，创新活动缺乏组织保障，缺乏以市场为导向的产学研相结合的创新体系。据前文可知，有独立研发机构的农业科技企业的比率近 5 年平均为 18％，企业的技术创新活动没有正式的组织机构，创新活动的绩效难以保证。2014 年

以后农业科技企业数量大幅度下降，但是研发活动机构数量基本保持不变，有稳定研发机构的企业具有较强的市场竞争力。因此，农业科技企业作为农业技术创新的重要主体，应重视创新机构的建立。

5. 创新投入及创新成果与技术创新发达省份农业科技企业尚存较大差距

北京农业科技企业技术创新水平与浙江、江苏、广东等技术创新发达省份的农业科技企业相比有很大的差距。2010 年在全国第二次 R&D 资源清查数据显示，北京农业科技企业在研发经费、研发人员投入、研究机构、专利申请数、有效专利发明数远低于江苏、浙江、广东等省。根据《中国科技统计年鉴》数据，近两年北京市企业技术创新投入及绩效虽然有所提高，但依然与广东、浙江、江苏等省份存在较大差距。由此可见，在农业科技企业技术创新活动的开展中，北京作为首都的区位优势、科技优势、人才优势等没有很好体现并加以运用，农业科技企业技术创新投入及绩效尚需进一步提高，企业技术创新管理尚需加强。

三、研究结论

本次研究从选题到最终完成都是在李萍老师的悉心指导下完成，团队成员互相协作，共同完成本次调研。调研的过程中不仅路途颠簸，几经辗转，而且由于团队无先前经验，一切困难都是凭借自身的毅力去克服。团队成员配合得相当默契。得益于此，此次调查顺利完成。本节对北京市农业科技企业技术创新及投入现状进行了初步探讨，虽然数易其稿，但文稿本身还有较多需要完善的地方，由于笔者的知识和阅历有限，本节关于技术创新能力和知识管理情况评价指标体系的设置难免有不足之处，所以设计一个更包容、更灵活的评价体系是今后研究的方向。由于被访查企业的要求，部分数据具有模糊性和保密性，故其数据的精确度有待加强。

本文参考文献

[1] 朱晓明．重庆农业产业化龙头企业技术创新动力研究［D］．西南农业大学，2004，11 - 20.

[2] 张利庠．创新平台农业企业自主创新现状及策略研究——来自中国农业企业技术创新“千百十”调研工程的思考［J］．中国软科学，2007（04）：127 - 133.

[3] 杨印生，刘海存，马棍．农业产业化龙头企业技术创新环境影响要素辨识及系统分析［J］．税务与经济，2008（01）：19 - 22.

[4] 高启杰．农业科技企业技术创新能力及其影响因素的实证分析［J］．中国农村经济，

2008 (07)：32-38.

[5] 肖更生，姚琼，李崇光．技术创新的风险识别：农业科技企业的实证研究 [J]. 农业技术经济，2010 (10)：89-96.

[6] 郑丹，李萍．农业科技企业自主技术创新系统结构与机制分析 [J]. 北京农学院学报，2012 (04)：65-67.

[7] 孙美倩．北京农业科技企业技术创新能力的系统分析 [D]. 硕士学位论文，北京农学院，2013.

[8] 陈志明，徐彬，巧俊纹．"中道思维"与和谐共生：农业科技企业技术创新管理模式研究 [J]. 农村经济，2012 (06)：105-109.

[9] 田欣．北京农业科技企业技术创新路径选择研究 [D]. 硕士学位论文，北京农学院，2014.

[10] 姚琼，许美思，张泳．技术创新模式、资源整合与企业绩效：W 农业科技企业为例 [J]. 科研管理研究，2015 (03)：8-12.

[11] 王征兵，张兆胤．涉农知识产权产业化面临的问题及其根源分析 [J]. 科技创业月刊，2007，20 (06)：133-134.

[12] 楼洪兴，陈志兴，马晓卿．农业科技成果产业化途径与创新研究 [J]. 中国农学通报，2005，21 (04)：379-382.

[13] 曾福生．论建立农业科技成果产业化的投融资机制 [J]. 农业现代化研究，2001，22 (06)：334-337. 常向阳，韩园园．农业技术扩散动力及渠道运行对农业生产效率的影响研究——以河南省小麦种植区为例 [J]. 中国农村观察，2014 (04)：63-70.

[14] 宋伟，胡海洋．知识产权质押贷款风险分散机制研究 [J]. 知识产权，2009，19 (04)：73-7.

[15] 杨林堂，王根全，王俊英，等．农业科技成果产业化发展初探 [M]. 农业科技管理，2006，25 (04)：80-82.

[16] 陈明珍，刘燕娜．农业科技成果产业化影响因素的元分析 [J]. 科技和产业，2014，14 (02)：1-5.

[17] 关占良，程高峰，李永国．农业科技成果产业化相关主体关系问题研究 [J]. 安徽农业科学，2012，40 (02)：1071-1072.

[18] 刘照亭．江苏省镇江市农业科技成果产业化的障碍与对策 [J]. 江苏农业科学，2011，39 (05)：591-593.

北京市城区社区管理机制研究

学 生 姓 名： 李政玺　刘雨琛　曹仁楷
指导教师姓名： 张志强

摘　要： 随着北京市基层管理体制的改革的不断深化和城市化进程的不断推进，结合当前的社会发展趋势和城市基层政权改革的要求，居民参与社区事务治理已成为我国基层民主建设的重要组成部分[1]。

目前，北京已进入建设的新阶段。针对新形势新要求下的城市管理，北京市政府积极推进社区管理体制的改革。本次改革在政府简政放权和因北京市人口基数过大而出现了大量的养老、社会保障等社会问题的背景下实行。这些给街道社区工作的社会问题带来了巨大的压力，也是构建和完善社区管理机制的要求所需。本次调研以北京市城区为调研切入点，通过实地调查和网上问卷调查相结合，以及查阅相关文献的方式，了解城市居民参与城市社区治理的现状、社区治理中存在的问题和影响居民参与的因素，并提出相应的对策和方案，希望通过这次调查让市民可以了解参与社区工作的重要性，为北京市推进城市社区管理体制改革，增强城市居民参与社区治理提供实践依据和理论支持。

关键词： 北京市；社区管理机制；文化建设

一、引言

（一）研究背景

从目前的实践来看，北京市城市管理基础薄弱的特点依旧较为显著，街居关系仍然没有完全理顺，社区居委会行政色彩浓厚[2]，社区居民对社区管理参与度不高等现象，具体表现为：开展的社区活动不足；没有重视对社区文化的建设；社区管理人员队伍薄弱，整体专业化程度偏低；城市社区管理缺乏经济基础；对社区管理不重视，认识上有误区。

（二）研究意义

随着政府开始简政放权，这一举动使人民的权利更加具体有效。由于居民的参与度不同、认识水平不同等，导致了整个社区没有一个统一有效的管理体制机制。基于此类社区问题，我们建立了此项关于北京市社区管理机制的研究，并希望能帮助改善现有的社区问题，建立起更加多元化、统一的有效的工作机制，建立新的社区管理机制有利于稳定基层社会秩序，创新社区管理对建设现代化、网络化、智慧型的新型社区具有非同凡响的意义，有利于加快北京市社区管理机制改革的进程。

二、北京市城区社区管理现状

进入 21 世纪以来，北京市各种经济成分均处于发展状态，城市居民在企业改制、城市人口数量的增加等新情况下逐渐脱离了原有的单位制束缚，开始在不同的社会组织形式下寻求新的生活方式，随着城市居民对生活质量的需求日益增高，在一定程度上促使对社区管理机制的创新在现有城市生活中的需求日益增强。北京市目前的发展水平已经远远超过了现有的社区管理机制。由此可知，当前北京市社区管理机制出现的诸多问题已经影响到了社区居民的正常生活。

为加强城区社区的管理和服务，摸清各级社区服务中心日常运营和服务的现状，使今后中心的发展和管理有所遵循，每年均对目前各中心的人员、设施、运行、维护、服务项目等进行全面调查，通过调查分析的情况，较充分地反映了北京市社区管理的现状和社区管理机制中存在的问题（见表 1）。

表 1　　2019 年北京市社区管理情况统计表　　单位：万人，条，个

项目 / 地区	数值类型	人口	街道	社区	社区服务机构	社区服务中心
城六区	绝对数	1165.9	103	1979	4451	120
东城区	绝对数	82.2	17	177	475	17
	相对数	7.05%	16.5%	8.94%	10.67%	14.17%
西城区	绝对数	117.9	15	259	742	15
	相对数	10.11%	14.56%	13.09%	16.67%	12.5%
朝阳区	绝对数	360.5	24	475	1110	38
	相对数	30.92%	23.3%	24%	24.93%	31.67%
丰台区	绝对数	210.5	16	337	686	16
	相对数	18.05%	15.53%	17.03%	15.41%	13.33%

调研小组本次主要选择了北京市城六区中的东城区、西城区、朝阳区和丰台区 4 个区作为主要调研对象进行了实地调研。截至 2018 年，全市共有常住人口 2154.2 万人，社区服务机构数 11895 个，较 2017 年 11749 个相比，增加了 1.2％，增幅小；其中社区服务中心总数为 203 个，较 2017 年相比无增长变化；社区服务志愿者组织数为 25098 个，较 2017 年 15704 个相比，增加了 59.8％，增幅较大；基层社区工作者总人数为 3.5 万人，其中持有证书的专业社区工作者仅为 5062 人，虽较 2017 年 4670 人相比增长了 8.4％，但总人数在整体社会工作者中所占比例依旧处于极低的水平。

其中，东城区常住人口共计 82.2 万人，共有 17 条街道、177 个社区、475 个社区服务机构、17 个社区服务中心。西城区常住人口共计 117.9 万人，共有 15 条街道、259 个社区、742 个社区服务机构、15 个社区服务中心。朝阳区常住人口 360.5 万人，共有 24 条街道、475 个社区、1110 个社区服务机构、38 个社区服务中心。丰台区常住人口共计 210.5 万人，共有 16 条街道、337 个社区、686 个社区服务机构、16 个社区服务中心。在所选取的 4 个区中，东城区、丰台区人口总数规模相对最小，街道、社区、社区服务机构和社区服务中心的比例在城六区中占比相对较小，但结合对自身条件的分析，具有便于管理的优势；西城区、朝阳区人口总规模在城六区中占有的相对比例较大，街道数量、社区服务机构、社区服务中心的数量在城六区中占有的相对比例较小，因此进行的社区管理工作较难开展。此外，四区的社区服务中心的规模均相对较少，只有朝阳区相对数突破了 30％。

三、北京市社区管理存在的问题

从北京市实践情况来看，虽然在社区管理方面取得了一定的成效，但我市社区管理基础仍然相对薄弱。通过调查我们发现，还是有很多的问题表现在以下四个方面。

（一）社区管理宣传力度不足

被调查居民对所在社区管理制度大部分处于知情状态，其中丰台区居民对所在社区管理制度在所选 4 个城区中处于较差水平，仅有 16.87％的民众比较了解社区的管理制度，朝阳区居民对所在社区制度了解情况在 4 个区中处于较高水平，有 34.05％的居民对所处社区的管理制度均表示明确，东西二区居民了解情况居中，在 23％～25％水平浮动；4 个城区中丰台区的情况不容乐观，居民不了解所在社区的管理制度人数比例约占 4 个城区被调查人数中的 40.23％。而对于所在社区所依据的法律法规的了解程度中，4 个城区的总体情况相当，均表现为不了解情况的居民数比例大于知情人数比例，其中朝阳区居民对社区管理所依据的法律法规知晓程度处于领先水平，占据了 4 个城区中的 47.01%。此外，在本次调查中，依旧有 16 个社区的管理制度不公示，所依据的法律法规不公开，占所调查社区总数的 32%，导致其居民对社区管理的概念存在认知不足，对本社区的情况不了解，对社区管理的参与度由此降低（见表 2）。

表 2　　2019 年居民对所在社区管理机制了解情况　　单位：人

区域＼项目	对所在社区管理制度部分明确	对所在社区管理制度不明确	对所在社区依据的法律法规部分明确	对所在社区的法律法规不明确	管理制度不公开
东城区	76	49	19	106	5
	23.31%	28.16%	16.24%	27.68%	31.25%
西城区	84	41	12	94	3
	25.76%	23.56%	10.26%	24.54%	18.75%
朝阳区	111	14	55	70	2
	34.05%	8.05%	47.01%	18.28%	12.5%
丰台区	55	70	31	113	6
	16.87%	40.23%	26.5%	29.5%	37.5%

（二）社区活动少、活动形式缺少多样性

当前，北京市城区范围内的社区在举办社区活动方面较前两年有所改观，通过查阅相关资料，北京市 2017 年城区共有 2872 座社区举办了多达 2.2 万场社区活动。截至 2018 年，北京市城区共有 3017 座社区举办了 2.6 万场活动，截至 2019 年，北京市共有 3046 座社区共计举办 3.3 万场活动，可见活动举办的数量近三年呈上升趋势，但是活动总数依然较为稀少。在实际调查中，各社区举办的活动种类有限，2017—2019 年来城区社区活动种类一直维持在 13 种。部分社区举办的活动能够体现本社区特色，但也有部分社区依旧存在着不举办活动或偶尔举办活动但缺乏多样性的普遍现象，各社区对社区活动的举办意识虽脱离薄弱阶段，但是依旧缺少足够的认知（见表 3）。

东城区、西城区在社区文化站数量，社区举办活动次数方面较为相近，分别接近 22%与 25%，发展水平较为良好，朝阳区、丰台区在社区文化站数量，社区举办活动次数方面较为不平均，其中在社区文化站数量方面，朝阳区与丰台区均多于东城区与西城区，但是在举办社区活动数量方面，丰台区落后于其

他3个城区，仅为21.92%；居民对社区活动的满意度处于良好阶段，4个城区在举办的社区活动种类方面依旧存在不足，存在社区活动数量少、种类少、无创新等共性问题（见表3）。

表3　2019年社区活动情况统计表　单位：个，次，种，分

区域 \ 项目	社区文化站	举办活动	举办活动种类	居民满意度
东城区	22	2617	9	7.5
	22.92%	25.71%	20%	
西城区	21	2570	12	7.5
	21.88%	25.25%	26.67%	
朝阳区	30	2759	16	8
	31.25%	27.11%	35.56%	
丰台区	23	2231	8	6
	23.96%	21.92%	17.78%	

（三）各级组织、社区领导和社区成员对社区管理的重要性缺乏明确认知

在调查中，有18座社区依旧存在行政色彩浓厚的现象，占调查社区总数的36%，其精力主要用于完成政府部门发布的任务或检查，管理人员并没有从根本上认识到社区管理对推动北京市城市化进程的意义所在，真正投入对社区建设和发展上的时间和精力过少，仅占全部工作量的27.31%。

（四）社区管理缺乏更为年轻专业的队伍

在大部分从事社区管理的人员中，东城区与丰台区管理人员团队规模较另外2个区小，其中西城区在社区管理人员规模上极为突出，占4个样本城区总数的56.32%。北京市城区范围内社区管理团队中具有本科及以上学历非相关专业的工作人员居多，占全部管理人员比例90%以上，朝阳区所占有的人数比例较其余3个城区突出，为33.11%，另外3个城区的规模大致相当，均未突破25%。但相关专业的管理人员数量严重不足，仅占全部受调查社区管理人员的6%。4个城区的管理团队中明显可以看出，相关的专业人才数量极为稀少，且4个区的社区管理人员的平均年龄在40岁左右，年轻的管理人员数量稀缺，仅占全部管理人员的3%。可以看出，目前北京市城区社区管理队伍中依旧亟须年轻化的专业人士及人才（见表4）。

表 4　　2019 年社区管理人员专业性水平统计表　　单位：人，岁

区域 \ 项目	基层社区工作者人数	基层社区工作者平均年龄	本科以上学历人数	持有相关专业证书人数
东城区	1675	39	1510	103
	24.95%		24.43%	23.9%
西城区	1528	43	1406	112
	56.32%		22.74%	25.99%
朝阳区	2155	42	2047	129
	37.41%		33.11%	29.93%
丰台区	1355	43	1219	87
	20.18%		19.72%	20.19%

四、针对北京市社区管理中存在问题的对策

针对北京市城区范围内社区管理机制中存在的问题，小组成员经讨论后认为可通过采取以下 4 种方案进行改良。

（一）充分发挥社区宣传作用

充分发挥宣传在社区管理中的作用，是开展社区管理的重要前提。

1. 大力宣传党政方针

积极宣传市政府关于实行的社区管理机制规章制度的政策性文件，有助于扩大广大群众的知情权、提升社区居民的参与感、增加社区政策的透明度、有助于调动社区管理部门人员和社区居民的积极性，共同参与对社区的建设。

2. 宣传创新现行社区管理机制的重要性

通过宣传创新社区管理机制体制的深远意义，有助于提高各社区成员对创新与参与社区管理的重要性的认识水平，进一步提升社区各成员间的交流和参与力度。通过开展大量丰富的宣传活动，诸如增加社区宣传栏数量、增设社区管理制度宣传专栏、宣传刊物进家庭等活动，可以更好地为创新社区管理机制建立良好的基础。

3. 宣传和学习社区管理先进案例

通过传播先进的管理手段和方法，将有助于提高社区管理体系的整体效果和有效度，进一步消除由于管理机制可能存在的漏洞而造成的执行上的不便。

（二）推进社区活动发展

1. 充分发动居民参与度，与时俱进，探索更多活动形式

社区文化建设不仅是建设者、组织者的工作，只有最大限度地发动社区居民参与到文化活动中来，才能搞好社区文化活动建设。组织者可以在社区内开展调查，了解本社区居民对文化活动的需求与期望，同时积极听取并采纳部分居民对社区活动的建议，充分调动居民的主动性、创造性和积极性，在活动形式上采取多元化的方案，如举办社区内书画比赛、诗词大赛、各类体育活动等。

坚持与时俱进，充分发掘文化资源，社区间建立积极的联系和沟通，创造本社区的特点。从群众的需求中出发，寻找对一个社会时期社会发展水平的反映和群众对精神生活的取向。文化源于生活，是对生活最好的反映，举办的社区活动对现实生活反应越深刻，社区活动就越有特点。通过多彩的、丰富的社区活动的建设，来推动社区的文化建设，以此来提高社区居民的思想品德素质、科学文化素养和心理素质，不失为一个好的选择。

2. 进一步加强对社区文化设施的建设工作

文化设施的配置是开展丰富的社区活动的基础，从整体上来看，北京市城区有部分社区的“硬件设施”仍不能满足对开展大量的社区活动的需要，小组认为，应进一步加强对社区的文化设施的建设，来达到辅佐开展大量多姿多彩的社区活动的硬性需求，例如加强对社区文化中心、社区学校、老年大学等设施的建设和维护。

3. 定期开展高校进社区活动

由于我市部分社区位于各大高校周边，良好的地理位置促使各大高校也可以开展“高校进社区”活动，在为社区文化建设添砖加瓦的同时也可以促使高校学生做到学练相结合，将所学知识运用到实际生活中去，与社区成员分享我国优秀的传统文化，特别是可以引导相应的管理专业的学生更好地参与对社区的总体建设。

（三）明确各级组织、社区领导和社区成员对社区管理的重要性的认识

小组认为，根据当前北京市城区社区管理机制中有关管理队伍对社区管理的重要性的认知中存在的不足，应进一步加强对社区管理队伍的培训，提升其对于社区管理工作对在当今时代下基层民主建设的重要性的认知，提高管理团队的认知水平。这将有助于开展更为有效的社区管理工作，进一步促进北京市城市化水平的提升。

（四）引进人才，实现社区管理队伍的专业化

通过引进相关管理专业的人才，将有效地弥补管理团队在专业性领域不足的劣势；人才的引进与培养，将有利于北京市社区管理人才的成长进步，更有利于社区管理团队的长远发展；有助于管理部门和社区居民双方产生相互影响、相互促进的作用。专业化的团队可以及时地发现当前社区管理机制中存在的漏洞与不足，并及时提出相应的解决措施，也可以保持管理机制能够以高效高质量的状态运行，能够将社区管理在北京市基层民主自治中的作用提升到一个更重要的地位。

五、总结

对北京市城区社区管理机制的现状与存在的问题进行分析之后发现，通过上述分析与改进措施的实行，将有助于北京市城区范围内规范社区管理的模式、效率与提升居民对社区管理的参与度，但是同时还存在一些问题，例如对社区管理人员的培训、选拔与录用，人员的职能划分等。因此，在今后北京市城区社区管理机制的建立健全的过程中应该以这些问题为主要目标，对存在的问题进行具体分析并想出解决办法、继续探索，以使北京市的社区管理变得更高效、便捷。

本文参考文献

［1］李艳．我国城市社区治理中的居民参与研究［D］．山东：山东大学，2009. DOI：10.7666/d.y1652116.

［2］谢延智．北京市街道社区管理体制改革的实践与思考［J］．中国机构改革与管理，2015（07）.

［3］许雅慧，刘守义．创新社区管理体制机制研究［J］．河北北方学院学报（自然科学版），2018，34（09）：54－56，60.

北京地区乳制品企业发展现状与趋势研究

——以三元和光明为例

学 生 姓 名： 杨 楝 李 凉 刘梓辉 常 昊 吴 婕

指导教师姓名： 李 媛

摘 要： 随着国民收入的增加，我国人民的生活水平和生活质量也越来越高，人们对健康的追求也越来越高。牛奶及乳制品成了人们追求健康之路上的首选。如今，我国的奶制品市场上也是百花齐放，被人们广泛熟知的品牌有三元、光明、伊利等，还有许多新兴企业也逐步扩大。本文将以光明和三元为例，对北京乳制品行业进行现状分析与政策建议，并利用 SWOT 分析法等方法进行公司分析。

关键词： 乳制品；行业分析；发展现状

一、引言

近年来，我国国民对于液态奶及奶制品的需求越来越大，随着人们的生活质量的提高以及受教育水平的上升，使人们对于液态奶及乳制品的质量要求也越来越高，从产地到奶牛的健康程度，再到工厂的生产环境等，都提出了非常高的要求，这对于企业也是一个大的挑战。如今城镇居民和农村居民对于奶制品的消费都在逐年递增，这也对行业市场是一个严峻的挑战。

本节将以三元和光明为例对北京乳制品行业进行现状分析，并提出一系列政策建议。采取实地调查的方式，通过探访中小型企业和一些原奶厂等地区进行调研，收集数据，并利用 SWOT 分析法进行公司分析。

二、乳制品行业总体分析

城镇居民乳制品在 1990—2018 年一直高于农村居民（见图 1）。以此得出结论，城镇居民对乳制品需求更大，推测出城镇居民生活水平要高于农村居民。城镇居民在 2005 年时对乳制品的消费达到一个最高值，为 17.9。在 1995—2005 年城镇居民对乳制品消费增长迅速，从 2005—2010 年开始下降，是因为出现了

“三聚氰胺”事件，使中国乳制品行业受到创伤，导致居民对乳制品的消费减少，并且幅度较大。针对该事件，政府出台了一系列的政策来对乳制品行业进行整顿，并提升行业进入门槛，促使企业加强奶源与加工设备建设，让行业形势稳定，在2013—2018年使乳制品消费维持一个稳定的状态。而农村居民对乳制品的消费自1990—2018年一直保持一个平稳的增长速度，稳步增长，由此可以推断出，农村居民的生活水平和人均收入都在逐年递增，农村居民的生活水平普遍得到了提升。整体来看，可以反映出我国居民国民收入的增长以及经济水平发展得到很大程度的提高，人们的生活质量越来越好，对乳制品的需求和消费也在增加。

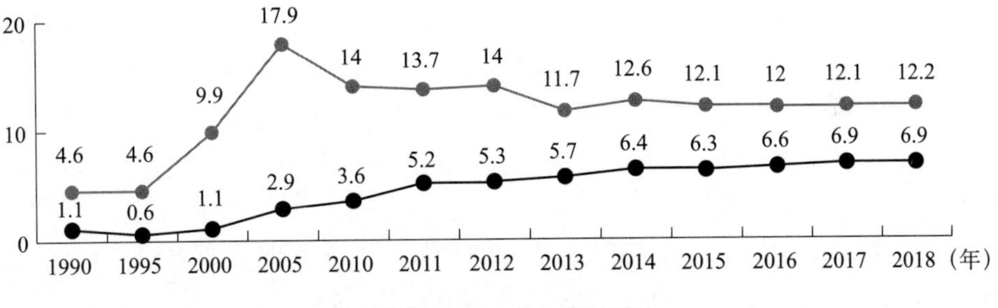

图1　城乡居民乳制品消费情况

全脂奶粉的进口量从2006—2018年总体呈上升趋势，只在2015年下降，跌入一个低谷。对于液态奶的进口量，一直处于下降的趋势，从2009—2018年呈一个稳定趋势。全脂奶粉的出口量从2007—2010年有大的下降滑坡之后稳定在一个平稳水平。液体奶出口量一直呈上市趋势，而且增长速度很快（见图2）。

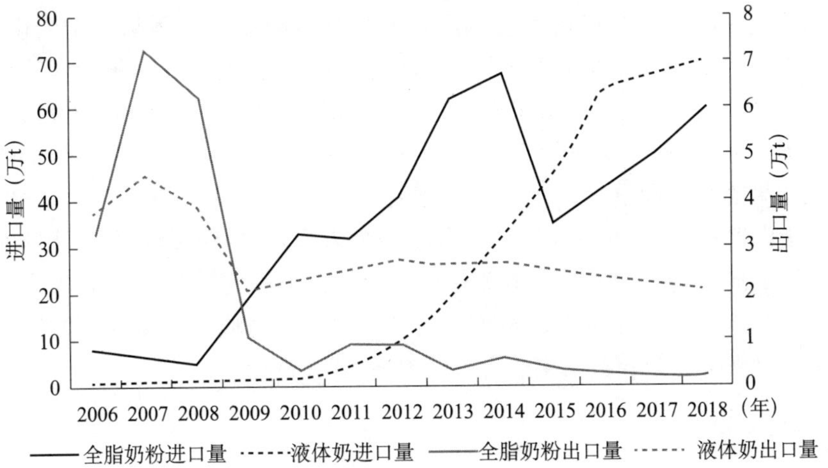

图2　全脂奶粉、液体奶的进出口情况

三、乳制品企业发展现状——以光明和三元为例

（一）SWOT 分析

本节基于光明、三元乳液内外部竞争环境和竞争条件下的态势分析，将两企业密切相关的主要内部优势、劣势和外部的机会和威胁列举出来，并依照矩阵形式排列，用系统分析的思想，把各种因素相互匹配起来加以分析。对两企业进行全面系统的分析。S（Strengths）是优势、W（Weaknesses）是劣势，O（Opportunities）是机会、T（Threats）是威胁。

1977 年，北京三元股份有限公司成立。2001 年，改组为北京三元股份有限公司，并于 2003 年 9 月 15 日在上海证券交易所上市。三元食品的主要业务是乳制品，日加工鲜奶能力为 3000 吨。乳制品系列包括包装鲜奶系列、酸奶系列、奶粉系列、奶酪系列等。自成立以来，“质量第一”一直是三元食品的经营理念。

1997 年，光明乳业有限公司成立。2000 年，上海光明乳业有限公司完成了股份制改造，并于 2002 年在上海证券交易所 A 股市场成功上市。2003 年其更名为光明乳业有限公司。以“创新生活，共享健康”为经营理念。2014 年，销售额突破 20 亿元，鲜奶在市场上排名第一，占全国鲜奶市场份额的 51%。

（二）内部优势

自成立以来，三元食品一直关注乳制品的质量。其奶源主要来自企业自身建立的牧场，因此可以充分保证奶源的质量。由于三元食品生产的产品质量高，其乳制品是人民大会堂指定的乳制品，也是奥运会期间乳制品的主要供应商。在技术创新方面，三元食品拥有自己全面的“乳品育种技术”，是中国第一家高科技奶牛养殖企业。三元食品拥有自己的乳品研发中心，并且是我国国内乳品行业中第一个也是唯一的生物工程实验室。

光明集团是全国著名品牌。占全国乳业产值的 15%，公司在“三聚氰胺”事件中上海区抽检的 93 批抽样检测中，87 批未检测出三聚氰胺。是让广大消费者安心喝的放心奶。光明集团有着国内规模最大、最完善的奶牛生产性能测定系统、国际水平的发酵系统。光明一直以来树立了高质量、新鲜、健康、可以信赖的品牌形象。公司技术中心有着国内强大的研究团队。

（三）内部劣势

三元食品是一家国有企业。在业务决策方面，它遵循国有企业的运营模式，

企业的经营成本较高，经营效率低下，国有企业的管理制度发展缓慢。同时，三元食品早期业务的销售范围在北京及周边地区，未能进一步扩大市场。近年来，如伊利、蒙牛等乳品公司的快速发展夺取了三元食品在北京的部分市场份额，尽管三元食品未来也开始扩大市场，但与伊利，蒙牛相比仍存在一定差距。

光明乳业作为城市型乳品企业，没有先天大量的奶源储备，在常温奶竞争是成本要高于其他高资源型企业。同时，光明乳业作为资历较老的乳业品牌，没有形成伊利蒙牛一样的行业领导地位，品牌定位不够明确，不容易打动消费者。

（四）外部机会

目前，国内乳业仍处于发展阶段，国内对乳制品的需求远远小于国外，乳业潜力巨大。近年来，三元食品也开始实施市场拓展，开发领域进一步扩大。市场发展空间仍然很大。同时，凭借其卓越的产品质量，三元食品已成为一种特殊的供应产品。在注重产品质量的新时代，三元食品具有巨大的发展优势。

光明有全国最大的酸奶生产基地，世界一流的研发中心，国际最先进的智能化信息管理。在产品层面，光明在高端科技方面占优势机会；在品牌层面，光明品牌值得信赖、信誉度美誉度高；在特色领域，在低温保鲜产品领域，光明有技术到管理的突出优势。蒙牛、伊利还没有入手新鲜领域，光明要充分抓住利用这个市场机会。

（五）外部威胁

经过快速发展，中国对消费乳制品的需求将逐步发展。伊利、蒙牛和光明等大型国内企业加大了营销力度。这三家乳品公司的企业发展是三元食品的强大竞争对手。随着中国的改革开放，国外乳制品品牌已经开始渗透到我国，占有一定的市场份额，也对三元食品的发展构成了一定的威胁。

蒙牛和伊利最近都加强了对乳业的投资。2019 年，伊利斥资近 11 亿元，扩张其在京津生产基地、乌兰察布乳品厂、华东、辽宁等地的液态奶生产能力。与光明主要竞争对手蒙牛和伊利相比，光明的战略步伐显得谨慎小心些，今年几乎只投资了成都的光明公司。在 2019 年 9 月，国务院办公厅发出通知，要求各地区及国务院有关部门加强对液态奶生产经营的管理，其对光明的主要利润来源产品——酸奶会产生较大影响，可能增加其成本，毕竟光明的奶源基地与其主要竞争对手伊利和蒙牛相比，还是处于劣势位置。

（六）财务分析

从光明、三元的财报数据可以看出，光明、三元的企业规模虽然只处于第二梯队乳制品企业，但是光明乳业的规模也远大于三元食品，从营业收入来看2015—2018年光明乳业的营业收入基本处于200亿元左右，2016—2017年增长幅度达7.2%，毛利润每年都处于70亿元左右，但是净利润值并不高，近4年来只有5亿～8亿元。从毛利率的水平看，较2016年有明显的下滑趋势，近2年处于33%左右的程度，毛利率较高，但是净利润并不是很高（见表1）。

表1　　光明、三元财务指标统计

指标	光明				三元			
	2015年	2016年	2017年	2018年	2015年	2016年	2017年	2018年
营业收入（万元）	1937319	2020675	2167219	2098556	454987	585388	612118	75584
营业成本（万元）	1237823	1239067	1445232	1399322	316178	407291	431260	499117
净利润（万元）	49610	67526	81811	52659	7619	13375	7875	18624
毛利率（万元）	699496	781608	721987	699234	138809	178097	180858	246467
毛利率（%）	36.11%	38.68%	33.31%	33.32%	30.51%	30.42%	29.55%	33.01%

对比三元食品来看，虽然三元的营业收入远低于光明，但是处于逐年上涨的趋势，且上涨水平显著，2015—2016年上涨幅度达28.66%，之所以比光明的营业收入增长速度快，主要因为基数较光明小很多。虽然三元的营业收入在大幅度提升，但是营业成本并没有大幅提升，主要因为近年来科技进步，三元企业引进很多的科技产品，减少了很多不必要的开支。毛利率还维持在30%左右，主要原因是三元属于国有企业，存在一些资源浪费，所以导致毛利率不如第一梯队、第二梯队的乳制品企业。

流动比率、速动比率是重要的偿债能力指标，流动比率是流动资产与流动负债的比值，再去掉库存后的速动比率而言，三元和光明处于同比例减少，说明两者的库存占其企业总体资产的金额比例基本一致，在2015年时三元食品的流动、速动比例甚至高达3.95、3.57，也说明了该企业属于保守型，没有进行大幅度借贷进行投资发展，近2年来才有所下降，说明企业逐渐走出保守型。资产负债率是衡量在公司清算时保护债权人利益的程度，是长期偿债能力的重要指标，是通过负债总额与资产总额的比例计算出来的，数值越小说明负债占总资产的比例越小，其偿债能力越强，光明乳业基本维持在60%以上，处于较好的状态，三元食品的资产负债率逐渐上升，开始走向突破状态。

三元食品的偿债能力较光明乳业强，主要原因为三元属于国企所以流动资金较多，偿债能力较强，原来一直处于保守型的三元食品近年来才稍微有所突破，而光明乳业的变动相对来说不大，一直处于稳中求进的状态（见表2、表3）。

表 2　　三元食品 2015—2018 年主要偿债能力指标

财务指标	2015 年	2016 年	2017 年	2018 年
流动比率	3.95	1.97	1.92	1.29
速动比率	3.57	1.22	1.26	1.01
资产负债率	23.87%	34.98%	33.84%	55.75%

表 3　　光明乳业 2015—2018 年主要偿债能力指标

财务指标	2015 年	2016 年	2017 年	2018 年
流动比率	1.07	1.05	0.87	0.88
速动比率	0.72	0.72	0.61	0.6
资产负债率	65.93%	61.69%	61.24%	62.17%

销售毛利率的数值越大，说明企业的盈利能力越强。三元食品中在 2015 年到 2018 年中，2015—2017 年属于平稳状态，在 2018 年有所上升，总体还处于上升趋势。而光明乳业在 2015—2016 年最高达到 38%以上，销售毛利率较高，近年来下降了 5%。从销售净利率和资产净利率来看，三元食品在 2017 年有所下降，总体还处于增长的趋势，原因可能是产业进行升级改造，所以导致成本上升，而且三元属于国有企业，所以人员福利和工资会占据一定的比例，但也说明光明乳业的管理能力较强资金使用率上升。而光明乳业在 2015—2017 年一直处于增长趋势，甚至 2017 年资产净利率达到 11.92%，但在 2018 年大幅度下降（见表 4、表 5）。

表 4　　三元食品 2015—2018 年盈利能力指标

盈利能力指标	2015 年	2016 年	2017 年	2018 年
销售毛利率	30.51%	30.42%	29.55%	33.06%
销售净利率	1.67%	2.28%	1.29%	2.50%
资产净利率	1.60%	1.93%	1.59%	3.69%

表 5　　光明乳业 2015—2018 年盈利能力指标

盈利能力指标	2015 年	2016 年	2017 年	2018 年
销售毛利率	36.11%	38.68%	33.31%	33.32%
销售净利率	2.56%	3.34%	3.77%	2.51%
资产净利率	9.34%	11.88%	11.92%	6.28%

四、乳制品企业未来发展建议

2019 年初，中央农村工作领导小组办公室和农业农村部联合发布关于做好

2019 年农业农村工作的实施意见，在其中宣布实施奶业振兴行动。在意见中提出建设优质奶源基地，改造整合中小奶牛的养殖基地建设，以及多主体推进家庭农场专业合作社的建设和加强中小学学生奶投入等措施以推动奶业振兴。奶业企业应当把握中央政策，因势利导推动企业发展。

（一）增加产业科研投入，推动奶业生产效率提升

新的技术会带动一个产业生产效率的提升，因而我国乳制品企业需要持续增加科研科技投入，推动科研成果落地转化。首先是要加大引进和繁育良种奶牛；其次要加大生产技术的发展；最后需要推动优质饲料的研究产出。

（二）持续增强食品安全监管体系和行业自律，提高乳制品质量安全

提升乳制品安全体系，增强国民对国产乳制品的信心。需要加强食品安全领域的立法与管理架构，持续完善并发展乳制品行业的质量标准，严格落实质量检测，积极引入第三方权威检测，构建全产业链的质量安全管理体系，确保各个关键环节的流程安全，同时加强行业自律。

（三）加强宣传和引导工作，扩大乳制品消费量

要不断加大宣传力度，引导消费者对乳制品树立正确的消费观念，对于不同层次，不同需要的消费者给予正确的引导，以达到定制化销售的目的，从而推动乳制品销量的扩大，同时积极地推动学生牛奶，打开销路。

（四）以龙头企业为核心带动中等企业发展，拉动乳制品行业的整体发展

积极推动龙头企业的示范效应，带动中小企业的发展，推动行业内的分工合理产业布局，拉动行业整体发展。

北京市农民专业合作社助力脱低机制探析

——以延庆区为例

学 生 姓 名： 单 梁 张释隆 田金玉 陈嘉伟
指导教师姓名： 李瑞芬

摘 要： 本文以北京市农民专业合作社助力脱低的发展现状为背景，将延庆区作为主要调研对象。采取实地走访与问卷调查等方法，从农民专业合作社人才情况、社员家庭状况、帮扶情况、社农关系情况等方面研究其助力脱低效果。基于以上研究，深入剖析农民专业合作社在助力脱低过程中所面临的问题，如：社员老龄化、受教育程度偏低；合作社为社员带来收益较少，增大社员生活压力；专业性人才缺失、培训宣传力度不够；社员入社方式单一等。同时针对现有问题，为农民专业合作社参与脱低的运行提出相关建议，如：因村制宜，多渠道发展；建立、发展人才引进机制；多方式引入资金；在本村内培养专业性人才等。由局部辐射整体，归纳经验与不足，为进一步完善现有的相关扶贫机制提供对策，推动京郊低收入村早日脱低。

关键词： 北京市延庆区；农民专业合作社；脱低；机制；创新；带动

打赢脱贫攻坚战是中央的扶贫精神，推进低收入户脱低、促进低收入村发展是北京市的扶贫任务。北京市以乡村振兴战略的总要求为指导，不断探索，将农民专业合作社作为有效脱低、返贫的经济组织，并立足于这一理想载体，逐步将其培育壮大成为新型农业经营主体和实施产业发展的重要平台。同时结合农民专业合作社建立的初衷，激发农民群体的凝聚力，使每位农户摆脱在市场中的劣势处境。因此，农民专业合作社的带动成为改善当前农村低收入户脱低状况的有效方式，并使其成为当前国家与低收入户间的重要中介组织。农民专业合作社的不断发展与改革创新，是低收入户实现脱低的有力保障。但农民专业合作社现如今发展状况如何、仍有哪些问题亟待解决、采取何种方式解决、其背后促进农村低收入户脱低的机制等，则需要深入基层进一步了解。

在现今政策的不断激励和引领下，北京市以农民专业合作社的带动为首要前提，促进低收入村自主发展能力不断增强，引导帮助低收入户劳动能力得到提升、农民家庭生存压力得到减缓。通过人才返乡、村委领导带动、政府实施分类帮扶等多种办法，农民专业合作社促进当地低收入户脱低取得了显著成效。以北京市延庆区为例，对农民专业合作社参与脱低机制概况进行分析，探索其成功经验及潜在的问题，并有针对性地提出可行性建议，以促进京郊低收入户通过参与农民专业合作社有效脱低的进程。

一、北京市农民专业合作社发展现状及问题

为了解北京市农民专业合作社发展现状，以延庆区作为局部考察点，在延庆各村开展实地调研。有针对地将某几个村（如上板泉村和下板泉村）划为重点研究对象，对其进行了充分的问卷收集及走访调查。总结、归纳其合作社发展过程中存在的问题，并探寻解决途径。

（一）年龄分布不均，受教育程度较低

在调查中，受访者多为社员或是农民专业合作社负责人、理事长，占比达90.5%。其年龄较为集中在50～70岁这一区间，合计43人。50岁以下的社员仅有4人。我们了解到，村中青壮年之所以没有加入合作社，是因为他们几乎全部外出务工。其余3人为70岁以上的老人，虽然年迈却仍坚持参与合作社之中。在走访中，大部分受访者虽作为社员或农民专业合作社的负责人，但受教育程度普遍不高。绝大多数社员学历在初中及以下，比例达84%；高中及大专水平占14%，仅1人学历在本科以上（见表1、表2）。

表1　　年龄段分布

年龄段（岁）	频数（人）	构成比（%）
50岁以下	4	8
50～70岁	43	86
70岁以上	3	6

数据来源：根据调研数据整理。

表2　　受教育程度

受教育程度	频数（人）	构成比（%）
初中及以下	42	84
高中/高职高专	5	10
大专	2	4
本科及其以上	1	2

数据来源：根据调研数据整理。

（二）年收入总额较少，家庭压力大

关于受访者在去年家庭年总收入和目前家庭面临主要压力相关问题上（可多选），多数家庭年均收入在1万～2万元，他们面临的压力包括收入较少；依靠土地流转入社，导致家庭总耕种面积减少；由于劳动力及种植管理与技术问题，无法保证土地产量，基本算作靠天吃饭；农作物零售、收购价格不高，农产品销售得不到有效保障。少数家庭年均收入在2万～3万元，依靠股金入社，每年得到相应的分红配置。（见表3）。

表3 家庭年总收入

年总收入	频数（人）	构成比（%）
1万元以下	2	4
1万～2万元	35	70
2万～3万元	10	20
3万～4万元	2	4

数据来源：根据调研数据整理。

（三）帮扶力度不足，缺乏宣传与培训

经调查可知，合作社中的绝大多数社员从未获得过来自合作社或其他成员的帮助。合作社仅在经济方面给予农民帮扶，但年终分红的数值是固定的，对合作社的贡献并不会被计入年终分红当中。绝大多数农民希望合作社提供对农产品进行深加工或包装的服务，还希望合作社共享先进的种植技术，为农民提供最新的资料，指导农民引进适合市场的新型农作物。多数农民希望合作社可以搭建公共服务平台，建立网上交易平台，为农产品的销售保驾护航。

在受访者中，绝大多数社员都认为合作社有必要对农民进行培训，但合作社在宣传方面的工作成效有待提高。目前，合作社主要是通过公开广播或发放宣传资料等方式普及合作社的相关知识。相较而言，合作社缺乏对于管理人员的培训，类似于政府部门干部的基层培训、组织参观外地优秀合作社的机会很少，对于普通社员来讲接受培训的机会则更少。社内培训的内容主要是农业相关的基础知识普及，多数农民表示培训的内容并没有对自己起到明显作用。超过半数的人希望合作社引进专业人才，对农民进行合作社文化还有农产品销售等知识的培训（见表4、表5）。

表 4　希望合作社为低收入户提供帮助

希望帮助类别	频数（人）	构成比（%）
无偿/优惠提供作物优质种苗	2	1.33
折扣销售/集体团购农药、化肥等用品	10	6.67
农产品高价回收/组织统一销售（农产品价格保护）	18	12.00
提高农产品附加值（农产品专业加工/包装）	45	30.00
年终分红	20	13.33
种植技术服务	20	13.33
创建公共服务平台（如网络销售平台）	35	23.33

数据来源：根据调研数据整理。

表 5　合作社培训方式

培训方式	频数（人）	构成比（%）
合作社管理人员培训	2	4
政府部门干部培训	0	0
外地参观其他合作社	0	0
公开广播或发放宣传资料	45	90
其他合作社提供的培训	3	6

数据来源：根据调研数据整理。

（四）入社方式单一，社农联系不紧密

在我们所调查的村子中，村民参与专业合作社的方式非常单一，绝大多数都是以土地流转方式入社，合作社与农户联系很不紧密。而在选择土地流转的农民当中，有 75%的人是因为听从村集体对于土地流转的宣传，所以才决定流转土地，自身对于土地流转一知半解。拒绝土地流转的农民；有 60%觉得土地流转的费用不合理，没有自己种植所得的收入高，所以拒绝参与土地流转。社员都参与了合作社灌溉、施肥或收获、农产品销售等基础环节，只有极少数的人为合作社提供技术服务，且没有农民在合作社当中参与日常管理工作。根据调查，很多农民都希望合作社与农民展开更加深入的合作，超过 80%的农民希望合作社可以帮助农民利用闲置的农宅发展乡村旅游业，带动乡村经济发展（见表 6、表 7 及表 8）。

表 6 社员加入合作社的方式

方式	频数（人）	构成比（%）
土地流转	39	78
资金入股	9	18
政策帮扶	2	4
其他方式	0	0

数据来源：根据调研数据整理。

表 7 社员参与合作社的工作环节

环节	频数（人）	构成比（%）
日常管理工作	0	0
提供技术服务	2	1.33
农资的购买	18	12.00
灌溉、施肥或收获等环节	50	33.33
农产品销售	50	33.33
农产品加工包装等环节	28	18.67
提供技术培训	2	1.33

数据来源：根据调研数据整理。

表 8 合作社带动低收入户增收意愿

培训方式	频数（人）	构成比（%）
引进专业人才，带领合作社发展	5	10
结合村庄实际情况，探寻适合市场的农作物种类	2	4
培训辅导，引导合作社向新型农业生产模式靠拢	2	4
开发乡村旅游业（利用村中闲置农宅等）	41	82

数据来源：根据调研数据整理。

二、北京市农民专业合作社助力脱低现状及问题

本节将主要以延庆区的调研实际为出发点进行分析，归纳总结北京市农民专业合作社助力脱低的现存问题。

截至 2017 年底，全区共有 13089 户，家庭人口 27390 人，其中永宁镇、张山营镇、刘斌堡乡 3 个乡镇有 6662 户低收入农户，低收入户比例占全区低收入农户总数的一半以上，高达 50.9%。贫困山村依靠政府产业帮扶、合作社助力等使低收入户脱低。截至 2019 年上半年，延庆区低收入农户人均可支配收入提高至 7071 元，环比增速 15.2%，人均消费支出提高至 4501 元，环比增速

6.7%，由此可见延庆区脱低成果较为显著。

分析调查结果，课题组发现北京市延庆区农民专业合作社助力低收入户脱低的发展已经较为成熟，但仍不乏一些问题的存在。

1. 合作社参与脱低方式单一，专业知识匮乏

目前，各村低收入户的入社方式较为单一，多以土地流转方式入社，少数存在以现金入股的方式参与合作社的情况。土地流转入社的方式在一定程度上保证了低收入户的年均最低收入，也大力响应了国家政策的号召。但存在的问题是，土地流转后，低收入户不能再耕种自家土地，导致青壮年群体集体进城务工。没有青年一代力量的驱动，合作社发展难以寻求到突破口，助力脱低的成效也会大打折扣。老年人和儿童难以理解合作社的运作方式，也无法参与强度较大的劳作，这对合作社带动脱低会产生一定阻碍。调研中我们还发现，村民参加合作社后接受到的宣传、讲解较少，对农村合作社相关知识的普及力度不大。村民们无法清晰地了解到合作社的运营机制与后续发展方法，导致参与度较低、认同感较差，影响着合作社带动农户有效脱低。

2. 合作社劳动力结构不合理，带动脱低后劲不足

目前，农民专业合作社出现老龄化现象，参与其中的社员年龄基本处于50岁以上。导致劳动生产效率不高，生产收益、土地产出率也随之降低。无法推动合作社待分配收益的提高，直接影响到低收入户脱低的进程。

3. 合作社基础资金短缺，带动脱低的发展能力不强

目前，现金入股方式或者土地入股方式是农民专业合作社主要的资金来源。由于村民家庭年收入较低，大多数家庭面临的压力主要是经济收入来源较少，拿不出更多的资金入股，使合作社缺乏资金购置相应的劳作固定资产，设施简陋、硬件基础跟不上，无法落实较大规模的生产，更无法满足合作社未来扩大再生产的需要。合作社无法带来较高的经济收益，参与其中的社员领取不到原本期望的分配利益，甚至可能使低收入户陷入资金的恶性循环。合作社也没有龙头企业作为依托、缺乏定量化标准，自身发展能力有限也是问题所在。

4. 合作社人才短缺，带动脱低动力不足

目前，缺乏管理人才带动和先进技术支持是延庆区乃至北京市多数农民专业合作社面临的问题，没有宏观的视野、科学的经营管理理念和开拓销售市场的能力，只单纯把服务和生产工作作为重点，对“小农户与大市场”关系的理解不够。故而在办社思路和科学的发展规划上难以形成鲜明的路线，带动合作社发展能力不强。大多当前的农民专业合作社是以各行政村为核心建立的，规模比较小，没有形成有效利益联结。在调研中发现，抱有“有利则合，无利则散”观念的社员不在少数。思想落后使社员与合作社难以形成明确的利益共同体，社员自身对于发展的内驱力不足，无法紧跟新时期的步伐，则无法摆脱低

速发展。

三、提高北京市农民专业合作社助力脱低成效的对策与建议

针对北京市农民专业合作社助力脱低问题，提出了以下几点解决问题的途径。

1. 因村制宜，多渠道带动脱低

一方面，各村的主要经济作物、村民年龄分布及受教育程度都各有差异，合作社要在专业人士的指导下调整适合本村的发展路子，顺应政策发展，逐步脱低。可以借鉴以密云区某种植合作社为例的成功经验。他们除土地流转、养老金等相对固定收入外，低收入户还可以通过参与合作社的部分务工岗位提高收入；另一方面，需要时常组织关于农村合作社的专业宣讲，由浅入深向低收入户解释合作社的作用与好处，做到消除误解、充分了解，扩大合作社的受众面。此外，应注重于培养村内熟知农民专业合作社运作机制的人才，发挥带动作用，推进合作社向专业化发展。

2. 建立人才引进机制，发挥能人带动效应

进行适当的政策调整，更多地吸纳本地青壮年和掌握专门技术的人才加入合作社，成为合作社的主力军，引领合作社转型发展。调整分红机制，多给予低收入户相应的经济支持与帮助，形成劳动力结构配比合理的组织。青年劳动力等新鲜血液的加入，势必改善老旧思想观念，不仅在体力上有所贡献，思想上更是新的转变，必然助力合作社带动低收入户脱低。

3. 加大财政投入，建立脱低基金

充分发挥财政的积极作用，低收入农户脱低取决于各级政府主体的扶持，应发挥其促使农民专业合作社有效发展的主导作用，挖掘多元渠道，引进资金，确保财政资金的扶持力度与低收入农户脱低任务相适应。将主要资金重点用于扶持低收入村、将农民专业合作社建立成拥有远大发展前景的新型经营主体。充分挖掘合作社的财力、物力、人力潜能，通过建立脱低资金，帮助合作社有效运营，改变目前空壳社的困难现状。计划投资延庆区农业产业发展方向且具有良好发展潜力的企业、合作社建立利益联结机制，发挥资金产业扶持和带动低收入的双效作用，有效带领专业合作社脱低。

4. 加强人才培养，带动创新发展

人才培养始终是授人以渔的永恒话题，只有着力专业型人才技术的培养，才能使先进的技术与思想进到村子中的每家每户，带动农民专业合作社发展，同时也是为新时代“三农”工作不断储备优质的复合型人才。加强培育村中脱低致富带头人，积极开展“农民大讲堂”，通过对广大的农民群众开展生产技术

等方面的培训，提高农民群众的市场意识、合作意识，促进农民专业合作社发展壮大。通过开展经营管理、市场营销等方面培训培育农民专业合作社管理人员，指导他们利用互联网等现代信息技术开阔视野，收集、发布农产品市场信息，建立健全“互联网＋合作社”的发展模式，推动形成社网互通的利益联结形式，以此拓宽合作社的经营渠道。帮助他们了解电子商务、网上营销等多种经营手段，加强与外部市场有机对接，拓展销售渠道。引导广大农民专业合作社制定科学的经营策略，把握正确的经营方向，创造更多市场机会，从而带动低收入人群脱低。

本文参考文献

［1］柏振忠，李亮．武陵山片区农民合作社助力精准扶贫研究——以恩施土家族苗族自治州为例［J］．中南民族大学学报（人文社会科学版），2017，37（05）：160-164.

［2］孔祥智．合作社的益贫性［J］．中国农民合作社，2016（07）：38.

［3］王慧琳．农民专业合作社在精准扶贫中存在的问题研究［D］．河北师范大学，2018. DOI：10.7666/d.D01417170.

［4］北京市延庆区统计局．延庆区2019年上半年低收入农户人均可支配收入和消费支出情况，http://www.beijing.gov.cn/zfxxgk/yqq11T037/jdsj53/2019-07/19/content_a9779f4629d94a99b9cac682f53d0eb0.shtml.

［5］张庆亮，刘品，胡联，等．农民专业合作社对农户收入增加的影响——以怀远石榴专业合作社为例［J］．经济与管理，2017，31（04）：39-42，67.

［6］廖文梅，曹国庆，孔凡斌．农民专业合作社助力于产业化精准扶贫的创新模式研究——以江西省石城县为例［J］．农业考古，2016（06）：263-267.

［7］张磊．河北省廊坊市永清县农民专业合作社现状及发展对策研究［D］．中国农业科学院，2013.

［8］徐旭初．农机专业合作社发展模式及其性质分析［J］．农村经营管理，2012（09）：25-27.

［9］郑少红，刘淑枝．农民专业合作社运营绩效评价：以福建省为例［J］．技术经济，2012（09）：82-87.

［10］赵建欣．中国农民专业合作社存在的问题及对策分析——基于合作社快速发展的背景［J］．中国农学通报，2011，27（29）：187-192.

乡村振兴背景下昌平农村集体经济发展路径

学 生 姓 名：肖 健 杨 晴 魏 征 刘 驰 李狄洋 李书瑜
指导教师姓名：李瑞芬

摘　要：为了探究壮大昌平农村集体经济发展路径，基于现有资料、实地走访和问卷调查，剖析了昌平现行集体经济发展的现状和存在的问题。结果表明，昌平农村集体经济组织形式大多表现为股份经济合作社，整体运行良好，目前已形成规模经营，股权设置和合作社制度相对合理，内部成员满意度较高。但是，作为集体经济产权制度改革较早的区县，昌平在制度改革进程中依旧存在着权责不明、发展受限、资产流失、利益受损等问题。未来，壮大农村集体经济的发展，昌平需着眼于自身现状，因地制宜；贯彻“三权分置”改革举措；规范内外部管理监督机制；扩大宣传效应；拓宽资金来源；优化产业结构调整升级。

关键词：昌平；股份经济合作社；农村集体经济；“三权分置”；发展路径

一、研究背景

我国作为历史悠久的农业大国，“三农”问题始终是党和中央所要解决问题的重中之重[1]，推动农村集体经济的深化改革发展，是当今农村经济领域的重大策略和重要目标，对深入贯彻乡村振兴战略具有非同凡响的意义。

昌平区隶属于北京市，位于北京市西北方向，下辖 8 个街道、4 个地区、10 个镇，共有 303 个行政村，农业人口 22 万人，是典型的城乡接合部，也是城市扩张的重点地区。因此，昌平区农村集体经济强有力的发展更是城乡统筹发展、基层组织合理运营的重要保障。近年来，市场经济步入快速发展期，也暴露出昌平农村集体经济制度改革工作中的一系列问题：权责不明、发展受限、资产流失、利益受损等[2-3]。这些问题延缓了城乡一体化的进程。推进农村集体产权制度改革不仅顺应了国家发展形势的鼓励性政策，也可以进一步解决“三农”问题在农村中的矛盾，因此探究昌平集体经济发展路径有重要的理论意义和现实意义。农村集体资产产权制度改革的目标是推进以村股份经济合作社作为主要组织形式[4]，因而研究村股份经济合作社的运行机制，对于推进农村集体经济发展进程十分有必要。

二、昌平农村集体经济发展现状

为充分探寻北京市昌平区农村集体经济的发展路径，在对昌平区的具体镇和行政村有一定了解和分析的基础上，选取十三陵镇、兴寿镇和东小口镇作为主要研究对象进行访谈和实地问卷调查，这 3 个镇也分别代表了昌平区乡镇发展的低、中、高水平，共收集回 98 份有效问卷。

（一）收入情况

2018 年北京昌平农村集体经济收入减少，上半年农村集体经济总收入 11.8 亿元，同比减少 3.4 亿元，同比减幅为 22.4%（见表 1）。其中，乡镇级企业收入 3535.9 万元，增加 161.4 万元；村级组织收入 86204.1 万元，增加2989.5万元；村级企业收入 28037.2 万元，减少 37194.8 万元。其主要表现为：一是村集体企业收入减少。昌平开展综合整治，停产停业，全面开始工业场地疏解整治，企业数量减少，效益下降。如 2017 年百善镇全镇开启工业场地腾退工作，17 个村集体企业都被关退；2018 年上半年回龙观镇腾退企业 2 家，崔村、北七家也受到不同程度的影响；二是村级集体经济组织收入增加。2018 年上半年村级集体经济组织收入 86204.1 万元，同比增长 3.6%，增长主要来自于租金收入增加（4107.4 万元）和补助收入增加（608 万元）。但也有部分乡镇的收入是下降的，原因是大范围的拆违建、工业大院腾退等造成合同解约，导致租金减少，如百善镇、崔村镇。

表 1　　2018 年昌平上半年集体经济收入情况

类别	收入	较上年同期
农村集体经济总收入（亿元）	11.8	−3.4
乡镇企业收入（万元）	3535.9	161.4
村级集体经济组织（万元）	86204.1	2989.5
村级企业收入（万元）	28037.2	−37194.8
村集体经济组织收入（万元）	86204.1	2995.5

数据来源：北京市政府信息公开专栏。

（二）产业发展情况

昌平地理位置优越，地形复杂多样，得天独厚的自然区位优势和人文区位因素为其产业经济发展创造了优越的条件。在收回的 98 份有效问卷中，表示本村已形成特色产业且有稳定收入的占 30.61%；表示此村正在探索集体经济壮大道路，在建设当中尚无稳定收入的占 40.81%；表示本村未形成产业的 28.58%（见图 1）。

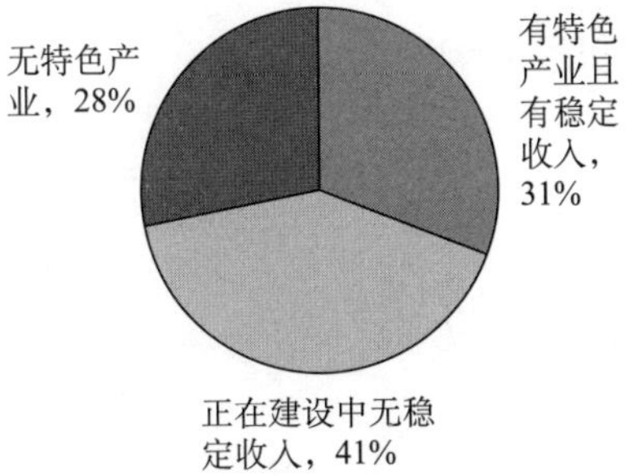

图 1　产业发展情况

（三）资产及股权设置

在 98 份问卷中，有 95 人表示村中已建立起股份经济合作社作为主要组织形式，有 3 人表示不了解，且村股份经济合作社都对加入集体经济组织的成员进行了股权量化，向全体股民发放股权证，设置的股权类型主要为集体股和个人股，以个人股为主。个人股主要包括劳龄股、户籍股、农龄股、独生子女奖励股等[5]，为组织成员所有，所占比例一般不超过 70%，且依法享有继承权、所有权、转让权、收益权等[6]；集体股所占比例不超过全部集体净资产的 30%，其仍然为集体经济组织成员共同共有。资产收益的集体股部分主要用于集体经济发展。

（四）内外部管理监督机制

在调研中得知，昌平股份经济合作社多数村仍然政经不分离，集体经济组织由村委会和党支部共同管理，负责人多为“两委”班子人员，出现了书记、主任、负责人“一人任多职”的现象，分别设有董事会、监事会、股东代表大会，凡涉及集体经济组织的相关事宜均由股东代表大会多数票决定[7]。在 98 份问卷中，表示股东代表大会一年召开 1 次的占 11.22%；表示股东代表大会每年召开 2 次的占 17.34%；表示每年召开 3 次股东代表大会的占 33.67%；表示股东代表大会每季度召开 1 次的占 37.75%。股份经济合作社每季度都会进行村务、财务公开，严格按照上级部署的“十步法”进行（见图 2）。

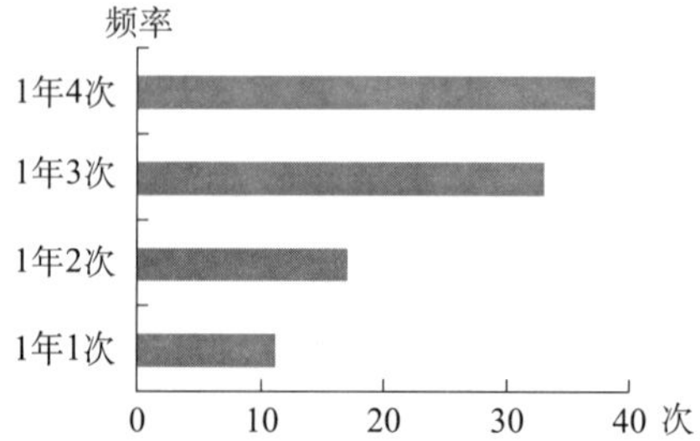

图 2　召开股东大会频率

三、制约昌平农村集体经济发展的因素

（一）产业结构较为单一，产业转型升级难

昌平农村集体经济发展进程中，产业结构较为单一，发展前景较为狭窄，产业转型升级难。根据相关资料可知，以兴寿镇和东小口镇为例，其有 56%的经营活动为种植业，30%为土地流转和对外租赁，服务业和加工业仅占 14%；十三陵镇集体经济的经营活动也以种植业为主，近年来依靠其地理自然景观等区位优势发展特色旅游业取得一定成效，但受政策、资源、资金等因素限制，经营规模较小。

（二）土地流转制度欠规范，集体股占比较小且收入不稳定

通过调研可知，昌平土地流转整体欠规范。第一，将土地非正式的、无固定合同期的自发流转，以收取资金，不利于耕作和集体经济的经营。不规范的土地流转造成土地闲置，不利于农民自主进行公共事业建设。第二，在发展过程中，集体股的设置的确存在一定弊端，许多行政村的制度、机制不够规范，对于集体资产的分配与再分配没有明确的准则，导致所有权关系混乱、模糊，容易激发社员与组织间的矛盾，因而导致集体股的设置占比少且收入不稳定，发展不充分。以十三陵镇某村为例，国际高尔夫球场征地超占 31.2 公顷土地未支付补偿金问题已成为该村的历史遗留问题，大面积不规范土地流转致使村中集体资产较少、收入低且不稳定。

（三）民主决策制度尚不完善

虽然昌平股份经济合作社已经大范围覆盖，但其缺乏有效的管理方法和机制，没有全面完善的权利制衡平衡机制。据调研，虽然有股东大会召开次数在 3 次及以上的占比达 71.42%，但仍存在部分股份经济合作社召开股东大会少于 3

次的现象，说明民主决策制度尚不完善。大多数行政村股份经济合作社的负责人都还是传统的两委人员和村委会干部，虽然建立了股东成员代表大会，但只有少数村设立了临时的监督委员会。换言之，实际上并未真正建立村“三会”代表制，董事会、监事会、股东代表大会三方均未发挥有效作用。权力过于集中导致制度层面上仍长期存在容易引发农户矛盾的问题，监督制约体系不完善容易引发道德风险，增加发展风险。以兴寿镇某村为例，村民反映股东代表大会召开次数较少，无法尽达民意，且村中财务不能及时、准确、透明地公开。

（四）组织成员文化程度较低，缺乏专业性人才

对村干部的调查得知，村干部文化程度64％为高中、大专水平；初中及中专水平的占18％；仅有18％达到本科及以上文化水平，全集体经济组织大部分的负责人都是村主任、书记[8]，可见领导干部层面受教育程度较低，人才较为匮乏，集体经济发展创新受限。此外，75％的农户表明，村中并未聘请专业性技术人员为其出谋划策，带动村集体经济发展，政府和集体经济组织开展专业技术性培训的频次较低，农户的技术性素质低下，缺乏人才带领，致使村集体经济前景不好、发展道路受限。

（五）村民集体经济发展意识淡薄、参与度低

据调研可知，对于青年人，79％选择学成毕业后留在城区发展，仅有18％愿意在毕业后回村支持村中的经济和产业发展。总体来看，绝大部分年轻劳动力更愿意进城务工，导致村中缺乏专业性技术人才，且国家取消了大学生村官身份，当前合作社发展不充分也无法吸引外来投资入驻。由此可见，集体经济的平稳发展虽能使农民的生活得到部分保障，但实质上却面临着一些不可避免的技术和思想问题。调研访谈得知，有些农民认为农村的经济基础差，没有优势资源和资金，虽然北京市整体已建立起股份经济合作社，但“空壳村”的发展前景不大；也有村民认为仅成立一个新组织，还是老领导干部组织管理，表现出不够信任、认为有风险等态度，这些都说明在集体经济发展和改革过程中，作为主体的农民的思想认识尚不到位，存在思想障碍，导致集体经济情非得已意识淡薄，对村集体事务的参与度低。

（六）资金匮乏，融资渠道单一，资金使用效率低下

资金缺乏是集体经济发展受阻的主要因素。据调研可知，村中合作社运行资金的主要来源是村中农户入资和政府补贴奖励，几乎没有对外融资和外来投资资金，且这些资金在年底有70％将用来股东分红处理，仅有30％留作村中发

展使用，入不敷出。首先，资金过于分散使用，存在挪用或被截留的情况，本来政府下发的资金和补贴就有限，使用方向较广，基础设施建设、村中环境治理、村民补贴等都需要资金支持，导致资金使用效率低下[9]。以兴寿镇东新城村为例，村干部表示村级经济组织收入增量减少，村级经济组织收入来源比较单一，主要是租金收入和补贴收入。其次，社会管理和公共事业支出日益增加。主要表现在公益性基础设施建设投入增加，以及村集体支付的公共服务费用和管理费用增加。最后，村民分红、福利不断增长。村集体的租金收入和投资收益要按股分红，除了分红以外，大部分村还发放生活性补贴、过节福利、老人补助等村民福利。

四、对策建议

（一）调整产业结构，提升乡村旅游服务能力

伴随经济的发展和城市居民的生活休闲需求提升，农村产业结构需要相应调整，可以通过环境整治和山景游玩打造乡村民宿精品，进而吸引游客，也可通过农业和旅游打造精品民宿旅游。例如，十三陵镇仙人洞在乡村治理背景下对村庄的违建进行了拆除，合理规划使用土地，使第二、第三产业得到了不错的发展，而且基于村委会的管理和股份合作社的带领，素食宴覆盖范围广，并实行公平竞争，越来越多的城里游客走进乡村，随之带动了该村的民俗旅游业发展，集体经济收入较之前大幅提高。

（二）完善土地流转规则，贯彻“三权分置”改革举措

在“三权分置”下，“确权不确地”的方法值得学习与引用。可借鉴江浙一带的做法：将土地分为“身份田”和“租赁田”，土地所有权、承包权分别掌握在集体、农民手中[10]。租赁田每五年调整一次（土地是生产资料，没有形成利益固化，有调整空间），如果不种地，就需将租赁田退回给组织。当农民愿意留村种田时，不仅可以种自家的身份田和租赁田，而且还可以种植其他农户退回的田地，实现经营权掌握在实际耕种者手里，从而明晰了经营权的法律地位。将外出务工不种地的农民的土地集中起来发包给种地的农户耕种，使资源得到充分利用，同时进行资金整合，通过农民授权，由村集体统筹使用国家转移到每个农户的农业综合补贴[11]。同一个村集体中，人员熟悉，方便管理，由村社集体掌握一定的资源，具有一定的供给农村公共品的能力，并方便进行监督约束。这样不仅可以规范土地的种植和流转，还可以使土地得到高效使用，集体经济收入稳定上涨。

（三）建立健全监管体制，优化内外部管理机制

建立健全村集体经济股份合作社的监督管理体系体制，通过分离股东代表大会、董事会、监事会的三方权利与内部相制衡的治理机构设计[12]，促进股份经济合作社的高效运行。建立专业的财务管理组织，党支部、村委会、股份合作社三方力量相辅相成。给予股份经济合作社一定权利，使社员参与到监督过程中，党支部和村委会也共同健全监管体制，以保证村中权利运行在阳光下[13]。可借鉴昌平十三陵镇仙人洞村通过自治章程的形式，充分发挥股份分红的激励约束机制，巧妙地将村民股份分红权利和遵守村规章程的义务结合起来，并且及时公开集体资产的财务明细，让股民放心的同时还取得了显著的效果。

2017年，仙人洞村为了保障本村村民实行自治，结合村内实际，通过村民代表大会表决通过了《仙人洞村村民自治章程》和系列村规民约。其中，规定违反村规的承担责任方式，包括削减村里的优惠待遇，减少当期股份分红或下调违规人员的股权比例等。以前对于违法建设行为，村里没有很好的管理手段，导致村级治理效率低，如今将村中规章与股份分红相挂钩，相当于对农村治理施加一种经济性惩戒手段，通过村规章程的形式形成全体村民共同意志，既丰富了村级治理手段又提高了村级治理水平。

（四）加大集体经济宣传力度，使农户树立发展主体意识

第一，充分发挥基层党组织的作用，加强对政策、经营方式、利益分配等的宣传推广和讲解，使集体经济发展政策深入人心，并且使农户积极参与投入其中；第二，政府要肩负起集体经济发展的责任，在农村基础设施建设上给予一定的帮助，加大对解决人才紧缺、资金紧张等方面的扶持，只有多方面加以引导推动，才能帮助成员树立信心，让农民成为最有底气的投资主体。

（五）拓宽投融资机制，优化资金使用

要着眼于农村“三资”要素配置市场化水平，量化村中的存量资产，让农村集体经济落到实处，鼓励组建股份合作制企业，增加集体成员收入，促进经济可持续发展。村中组织要拓宽融资渠道，可以借鉴广东省深化改革的做法：以村中集体资产如土地经营权作为抵押物，获得金融贷款，对耕地基础设施进行建设，形成稳定适度的经营规模，鼓励村民投资入股、向银行进行贷款等方式进行筹资，拓宽资金来源，增加集体经济发展收入。

本文参考文献

[1] 方桂堂．农村集体产权制度改革的多重影响研究——来自北京市昌平区的实证调查[J]．中国政法大学学报，2019（01）：5-19，206.

[2] 李素珍．关于农村集体经济产权制度改革的思考——以北京市昌平区为例[J]．新农村建设，2012（22）：1-3.

[3] 黄智光，张兴校．乡村振兴战略背景下村级集体经济发展壮大路径研究——基于对浙江绍兴上虞300多个行政村的调研分析[J]．中国发展，2018，18（05）：51-57.

[4] 崔日明，韩渊源．乡村振兴战略下农村集体经济的发展路径研究[J]．农业经济，2019（05）：6-7.

[5] 张兆康．关于农村经济合作社股份合作制改革的理论研究与制度创新[J]．上海农村经济，2018（01）：34-36.

[6] 贺雪峰．乡村振兴与农村集体经济[J]．武汉大学学报（哲学社会科学版），2019，72（04）：185-192.

[7] 林星，吴春梅．农村股份经济合作社治理结构、机制与模式[J]．农业现代化研究，2017，38（06）：1052-1058.

[8] 张建琴．乡村振兴之农村集体经济有效经营模式探析——基于上饶各县市区的实践经验分析[J]．四川行政学院学报，2018，13（05）：96-101.

[9] 郭强．农村集体产权制度的创新过程解析与发展路径研究[D]．中国农业大学，2014.

[10] 杨一介．我们需要什么样的农村集体经济组织[J]．中国农村观察，2015（05）：11.

[11] 姜红利，宋宗宇．农民集体行使所有权的实践路径与主体定位[J]．农业经济问题，2018（01）：38-41.

[12] 高海．论集体土地股份化与集体土地所有权的坚持[J]．法律科学（西北政法大学学报），2019（01）：175.

[13] 李宁，张然，仇童伟，等．农地产权变迁中的结构细分与“三权分置”改革[J]．经济学家，2017（01）：62-69.

北京城区居民对乡村高端民宿的价格感知研究

学 生 姓 名：胡子琪　牛子欣　王旭东　梁艳妮　赵燕楠　张文璐
王思凯
指导教师姓名：李　嘉

摘　要：在消费升级的浪潮下，"新体验经济"时代已经到来。民宿作为情怀与体验完美结合的产物，在此趋势的带动下，民宿旅游迎来了爆发式的发展。乡土文化的运用在民宿旅游中占据重要地位，乡村民宿不仅是地方文化特色的重要体现，更是弘扬中华民族伟大文化的重要途径。

本次课题聚焦于北京城区居民对乡村高端民宿的价格感知程度。通过对北京市民宿发展的现状分析，对北京市六个城区不同职业、收入、年龄的城区居民进行了实地问卷调查，主要分析他们对于高端民宿价格的感知程度。调查结果显示：不同职业、收入、年龄的居民对民宿价格的感知有同有异。通过结构方程模型检验及结果分析，我们结合所学的市场营销知识，依据三种不同定价法制定了价格策略，并对北京市乡村民宿提出了一些建议。

关键词：高端民宿；价格；感知；北京

近几年，我国旅游市场呈现高速增长的态势，这是我国迈向全面小康时期出现消费升级的必然现象之一。民宿作为一种新型的非标准住宿业态，站在旅游业创新升级的风口。北京市乡村民宿日益展示出良好的发展态势，极大程度上丰富游客们的住宿选择，满足了消费者个性化的情感体验需求，成为了北京市乡村旅游经济发展的有力推手。乡村民宿可以满足消费者"乡村深度游"的需求，在热情、真诚的民宿经营者引导下，可以近距离感受当地的风土人情，体验原汁原味的当地生活。

一、北京民宿发展现状分析

本节选取国内民宿 App 小猪民宿为数据来源，以行政区结合价格进行检索。考虑到正在出租的房间不会被检索到，而提前预订时间一般不会太长，所以将检索的入住时间选定为 2019 年 11 月 1 日，尽可能保证了数据的完整性。

（一）北京民宿的空间分布

本节调查的是乡村高端民宿，所以将筛选的民宿价格设置到 500 元以上。朝阳区以超过 2000 个房源位居第一，其他城区房源也都在 500 个以上。反观北京乡村地区，只有怀柔和密云的房源多于 500 个，大兴、门头沟和平谷房源则是在 100 个以下。总体来看，北京地区高端民宿分布不均匀，其大部分聚集在城区，乡村高端民宿的供给量明显不足。

（二）北京民宿的价格特征

整体来看，北京城区的民宿数量多，但民宿价格处于中低档，北京乡村民宿数量相对较少，但民宿价格较高。北京城区的民宿主要以现代社区便利型民宿为主，价格大多处于中低档，其区县中 500 元以下的房源比重一般都超过 65%。通过对小猪短租房源的分析可知，受限于民宿所处的地理条件，民宿特点不明显、竞争优势较弱，主要与商务快捷酒店争夺客源。较为特殊的是，占东城区 54%的民宿比重是高达 500～1000 元的房源。这些民宿大多是旧城民居体验型民宿，位于传统胡同四合院之内，以其独特的建设文化特色作为竞争优势，与四星级以上的酒店争夺客源。北京乡村民宿房源数量较少，但价格呈现高端化，除大兴和顺义以外，其他区县中房价超过 1000 元的房源都占有较大比重，如怀柔为 53%、延庆为 35%、门头沟为 42%、平谷为 34%、密云为 24%。这些区域中的高价房源一般都依托较为知名的山水和文化旅游资源，如怀柔的慕田峪长城、雁栖湖、青龙峡等，门头沟的潭柘寺、妙峰山等，密云的古北水镇、密云水库等。

（三）北京乡村民宿的特点

北京乡村民宿主要以京郊山水资源型民宿为主，具有良好的旅游景观优势。一些民宿主利用自家果园、花圃、池塘等农业资源，增加了民宿旅游的吸引力。通过采摘、垂钓等项目，极大丰富了消费者的民宿体验，让游客可以更好地融入当地生活，体验当地文化，感受乡村生活的宁静与美好。

二、研究假设及模型构建

（一）研究假设

1. 选择动机层次和民宿价格

选择动机是指游客出行旅游选择入住民宿的原因，如满足工作需要、缓解生活压力、寻求新事物新朋友等。当游客出游是为了满足工作需要时，消费者往往会选择价格更高的民宿。而当游客只是为了缓解压力、寻找乐趣时，就会选择价格稍微低一点的民宿。民宿主也可以根据自身民宿条件找到自己的市场定位后，选择目标市场、制定价格策略。学者韦利坤同样认为游客选择动机的层次越高，民宿价格也就越高。[1]因此本研究提出以下假设：

H1：游客选择动机层次对民宿价格有显著正向影响。

2. 社会因素和民宿价格

社会因素种类复杂，如当地交通状况、乡土文化、旅游景点等。各类社会因素质量指标越高，民宿主可以凭借各类社会因素指标作为民宿优势，提高自身市场竞争力的同时，也可以调整定价。学者王轶楠同样认为现今民宿价格受到各类社会因素的影响。[2]因此本研究也采用此观点，提出以下假设：

H2：社会因素对民宿价格有显著正向影响。

3. 服务质量和民宿价格

服务质量指民宿经营者为游客提供的各种服务和服务设施的质量情况。如服务设施和质量、卫生状况等。如果服务质量高，民宿价格也可以相应提高。学者乐同心认为，民宿应有专业管理，餐饮、娱乐等配套设施应该齐全，民宿价格和服务质量之间应该平衡。[3]因此本研究提出假设：

H3：服务质量对民宿价格有显著正向影响。

（二）模型构建

根据以上分析和假设，本研究构建形成了乡村高端民宿价格及其影响因素的概念模型（见图1），之后运用结构方程模型来测度潜变量与观测变量之间以及各潜变量之间的关系。

变量的设计借鉴了影响民宿价格的因素相关研究的测量项目，充分考虑了北京高端民宿的特征，最终构建成了4个潜变量、25个观测变量的量表（见表1）。

（三）描述性统计分析

此次调查，一共发放160份问卷，有效问卷为150份，有效率为93.75%。并在6个城区进行等量发放问卷，以保证问卷可以体现北京城区居民的消费情况。

主要从性别、年龄、学历、月收入等多个方面对调研样本个体特征进行分析。

从样本的性别特征来看：男性频数为71，占比47.3%。女性频数为79，占比52.7%。男女性旅游者数量各接近一半，相对平衡。这表明在旅游选择方面，男性和女性有同样的选择权；也说明经过“女权思想”盛行后，女性在社会中的地位已经不比男性低。

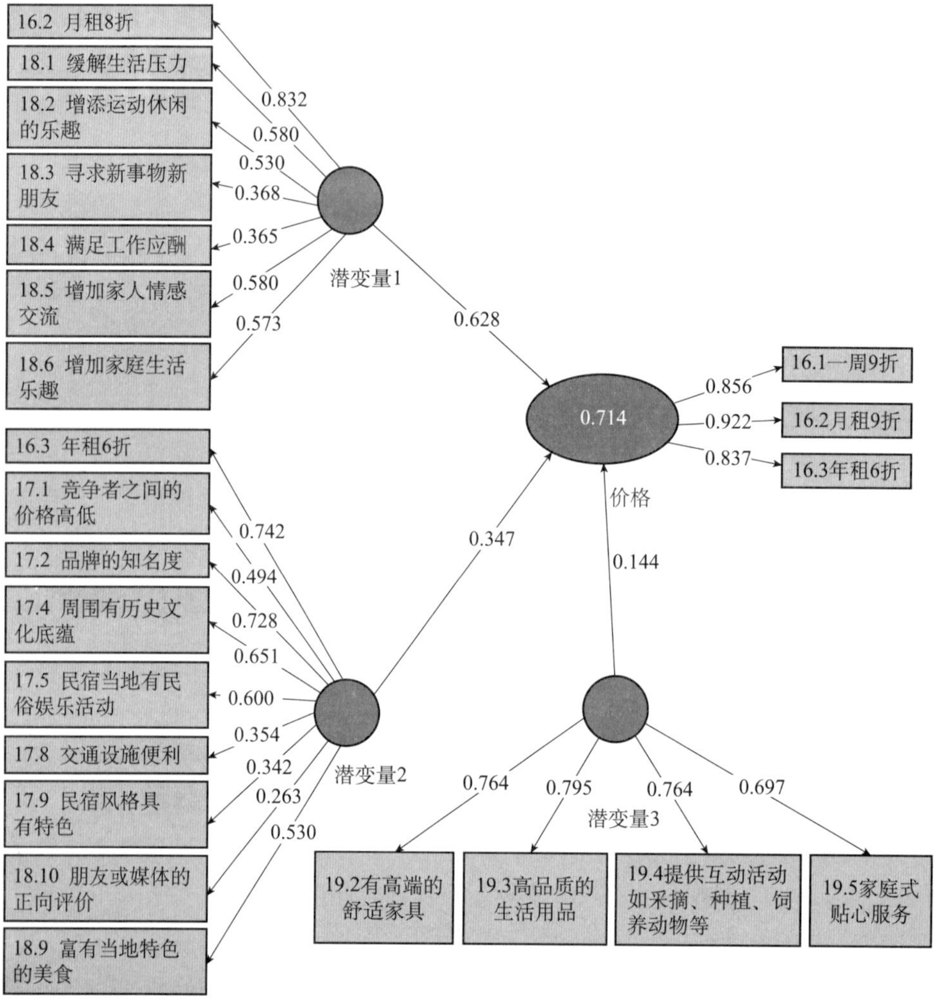

图1　模型图

表1　测量指标体系

潜变量	观测变量
选择动机	品尝当地农产品
	缓解压力
	体验当地文化
	寻求新事物新朋友
	满足工作应酬
	增加家人情感交流
	增加生活乐趣

续表

潜变量	观测变量
社会因素	美丽乡村
	竞争者价格
	品牌知名度
	历史文化底蕴
	民俗娱乐活动
	交通便利
	特色的风格
	特色的美食
	社会评价
服务品质	娱乐设施齐全
	高品质的生活用品
	主客互动的氛围
	农家乐活动
	家庭式贴心服务
价格策略	周租 9 折
	月租 8 折
	年租 7 折

样本的年龄结构方面：45.3%的民宿游客集中在23～35岁，有68人，这部分游客已成为旅游市场的中坚力量。20.7%的旅游者年龄在36～45岁，这部分旅游者收入较为稳定，具有一定的积蓄，而且旅游购买力较强。46～59岁旅游者占比14%，22岁以下旅游者占比12%，两部分占比较小。但22岁以下旅游者具有上升趋势和较大的上升空间。

从学历层次来看：样本的受教育程度主要以本科生或研究生以上的学历，占比分别为48%和20%，可见民宿的主要目标顾客以高学历旅游者为主，这一群体的素质较高，且都喜欢旅游和更有家的感觉的民宿。

从样本的月收入来看：5000～10000元的为43%，10000～20000元的为27%。可见中高收入群体为民宿消费的主要客户。

从资产状况来看：有车有房的消费者占43.3%，无房有车的消费者占24%，两部分旅游者为主要消费群体。可见大部分选择民宿的旅游者资产状况良好，而且有车。另外，有车是很多人选择民宿旅游的重要影响因素。

从职业分布来看：出现频次较高的为公司职员、专业人士（如教师/医生/律师等）、事业单位/公务员/政府工作人员，分别占比29.3%、24%、10.7%。

专业人士和事业单位人员上班较为规律，有固定的休息时间，具备旅游的时间条件。

从出行人数来看：单家庭出行旅游占比较高为32.7%。其次为2人和朋友或同事多人，占比分别为24%和23.3%。单人出行和多家庭组合旅游出行较少，只占比12.7%和7.3%。说明北京居民的旅游习惯为两到五人结伴而行较为合适，不喜欢单独出行或较多人出行。

从年旅游频次来看：一年出行旅游0～2次为38%，3～5次为37.3%。可见北京居民年旅游次数较少，大部分时间都用来工作。

从出游时间来看：选择三天到一周的游客为主要部分，占比为48.7%。另有少部分游客选择旅游时间为两天之内。表明北京居民出游时间较短，生活压力较大。

从选择住宿的方式来看：在旅游APP上选择占大多数，占比为56.7%。另有少数人选择旅游网站和向朋友家人打听住宿地点。随着"互联网+产业"的蓬勃发展，人们对各种软件及网站的信任度也越来越高。人们可以从网上了解到住宿信息、选择住宿方式和时间地点，而不是传统的用"口口相传"的方式来了解信息了。互联网的发展也为民宿产业提供了便利条件和更好的发展机会。

在北京乡村旅游选择高端民宿的占比为80%，说明游客来乡村旅游并不想住酒店和宾馆等方式，会选择民宿来更好地体验乡土人情，并且随着生活水平的提高，人们也更在意住宿的质量和体验，所以会选择高端民宿。

从选择高端民宿的户型上看：大多数人会选择一室一厅和两室一厅，占比共为84.7%，这与前面分析不愿较多人出游相对应（见表2）。

表2　　样本特征统计（n=150）

变量	选项	比例（%）
性别	男	47.3
	女	52.7
年龄（岁）	22岁以下	12.0
	23～35岁	45.3
	36～45岁	20.7
	46～59岁	14.0
	60岁以上	8.0
学历	高中及以下	12.0
	大专	19.3
	本科生	48.7
	研究生及以上	20

续表

变量	选项	比例（%）
月收入	5000 元以下	18.0
	5000～10000 元	44.0
	10000～20000 元	27.3
	20000～30000 元	7.3
	30000 元以上	3.3
资产状况	有房有车	43.3
	有房无车	18.0
	无房有车	12.0
	无房无车	24.0
	其他	2.7
职业	专业人士（如教师/医生/律师等）	24
	服务业人员（餐饮服务员/司机等）	9.3
	自由职业者（如作家/艺术家等）	4.7
	工人（如工厂工人/建筑工人等）	5.3
职业	公司职员	29.3
	事业单位/公务员/政府工作人员	10.7
	学生	6
	家庭主妇	4.7
	其他（商人等）	6
旅游出行人数	1 人	12.7
	2 人	24
	单家庭出游	32.7
	朋友或同事多人	23.3
	多家庭组合	7.3
旅游年频率	0～2 次	38
	3～5 次	37.3
	6～8 次	19.3
	8 次以上	5.3
旅游时间	当天往返	5.3
	两天之内	26.7
	三天到一周	48.7
	一周以上	18
	其他	0.7
	没旅游过	0.7

续表

变量	选项	比例（%）
住宿地点的选择方式	旅游 APP	56.7
	旅游攻略网站	16
	旅行社	6.7
	听家人或朋友的推荐	17.3
	到目的地再找	3.3
是否选择高端民宿	会	80
	不会	20
选择民宿户型	一室一厅	54.7
	二室一厅	30
	三室一厅	14.7
	其他	0.7

（四）结构方程模型检验及结果分析

1. 因子载荷

因子载荷衡量测量变量与潜变量的关系，即统计学上的相关系数。首先 P 值均小于 0.1，代表有关。因子载荷值为 0.263～0.922，表明相关性较高（见表 3）。

表 3　因子载荷衡量测量变量与潜变量的关系

	初始样本（O）	样本均值（M）	标准差（STDEV）	T 统计量（|O/STDEV|）	P 值
16.1.一周租 9 折<一价格	0.856	0.855	0.027	32.247	0
16.2 月租 8 折<一价格	0.922	0.922	0.016	58.951	0
16.3 年租 6 折<一价格	0.837	0.837	0.034	24.967	0
17.1 竞争者价格<一社会因素	0.494	0.468	0.112	4.418	0
17.2 品牌知名度<一社会因素	0.728	0.705	0.069	10.599	0
17.4 历史文化底蕴<一社会因素	0.651	0.634	0.087	7.52	0
17.5 民俗娱乐活动<一社会因素	0.6	0.585	0.084	7.14	0
17.8 交通便利<一社会因素	0.354	0.344	0.109	3.261	0.001
17.9 特色的风格<一社会因素	0.342	0.335	0.113	3.036	0.003
18.10 社会评价<一社会因素	0.263	0.255	0.131	2.004	0.046
18.1 缓解压力<一选择动机	0.58	0.562	0.099	5.828	0

续表

	初始样本（O）	样本均值（M）	标准差（STDEV）	T 统计量（|O/STDEV|）	P 值
18.2 体验当地文化<—选择动机	0.53	0.507	0.113	4.684	0
18.3 寻求新事物新朋友<—选择动机	0.368	0.342	0.164	2.248	0.025
18.4 满足工作应酬<—选择动机	0.365	0.343	0.162	2.25	0.025
18.5 增加家人情感交流<—选择动机	0.58	0.557	0.111	5.23	0
18.6 增加生活乐趣<—选择动机	0.573	0.554	0.111	5.138	0
18.9 特色的美食<—社会因素	0.53	0.516	0.081	6.543	0
19.2 娱乐设施齐全<—服务种类与质量	0.764	0.734	0.121	6.319	0
19.3 高品质的生活用品<—服务种类与质量	0.795	0.767	0.118	6.746	0
19.4 农家乐活动<—服务种类与质量	0.764	0.775	0.071	10.762	0
19.5 家庭式贴心服务<—服务种类与质量	0.697	0.671	0.119	5.847	0

2. 信度和效度检验

为了确保调查所得数据的可靠性，对样本数据进行信度和效度检验。信度是指量表的内部一致性、稳定性和可靠性，本研究采用 Cronbach's a 系数和组合信度（Composite Reliability）来进行检验。由检验结果可知，量表总体 Cronbach's a 系数为 0.776，各潜变量的 Cronbach's a 系数为 0.75～0.842，各潜变量的组合信度也为 0.755～0.905，超出了 0.7 的接受标准，可见总量表及各潜变量的内部一致性较好，数据可靠（见表 4）。

表 4　　信度与效度检验结果

潜变量	Cronbach's a	组合信度	AVE
选择动机	0.766	0.755	0.52
社会因素	0.75	0.778	0.6
服务品质	0.763	0.842	0.572
价格策略	0.842	0.905	0.761

效度是指潜变量对观测变量的解释程度，本研究采用平均方差抽取量（average variance extracted，简称 AVE）进行检验，该指标是指潜变量对观测变量

方差的解释百分比，检验结果发现各潜变量的 AVE 值均大于 0.5 的临界标准，证明量表效度可以，各潜变量能代表观测变量。

3. 结构模型估计

因为 P 值都小于 0.1，所以全部路径系数都是显著的。选择动机对价格的直接效应是 0.628，即选择动机层次每增加一个标准差，价格直接增加 0.628 个标准差。社会因素对价格的直接效应是 0.347，即社会因素每增加一个标准差，价格直接增加 0.347 个标准差。服务品质对价格的直接效应是 0.144，即服务品质每增加一个标准差，价格直接增加 0.144 个标准差（见表 5）。

表 5　路径系数

	初始样本（O）	样本均值（M）	标准差（STDEV）	T 统计量（| O/STDEV |）	P 值
选择动机层次－＞价格	0.628	0.619	0.068	9.273	0.000
社会因素－＞价格	0.347	0.356	0.058	5.943	0.000
服务种类与质量－＞价格	0.144	－0.116	0.055	2.607	0.009

4. 模型评价

R^2 表示外生潜变量解释了内生潜变量的百分比。调整后的 R^2＝0.709，表示拟合优度较好（见表 6）。

表 6　R^2

	R^2	调整后 R^2
价格	0.714	0.709

因本模型没有中介效应，所以总效应与路径系数数据相同。

第一，消费者选择动机层次的高低是影响民宿定价的最主要因素。当消费者因公事出游时，可能就会选择价格高的民宿。而当消费者出游是为了缓解压力，他们就不会一味追求高端，往往会选择性价比高的民宿。因此，民宿经营者应针对不同的消费需求将民宿旅游市场进行划分，再结合自身民宿情况，找准自己在市场中的定位，选择目标市场，推出相应的产品和服务并制定价格策略。

第二，社会因素对民宿价格的影响。如地区交通状况、乡土文化、特色美食、旅游景观等。民宿主可以利用社会因素作为自己的竞争优势。在民宿介绍上，可以将地理位置标注清晰，将附近的地铁站、公交站、旅游景点、美食店等进行补充介绍，吸引消费者。

第三，对民宿价格影响最小的是服务种类与质量。这得益于近年来民宿业的蓬勃发展，民宿经营者努力提高服务质量，已经基本可以满足消费者需求的程度。民宿经营者也针对不同消费群体，推出相应的产品和服务，来满足消费者差异化的需求（见表7）。

表7　　总效应

	初始样本(O)	样本均值(M)	标准差(STDEV)	T统计量(|O/STDEV|)	P值
选择动机层次—>价格	0.628	0.619	0.068	9.273	0.000
社会因素—>价格	0.347	0.356	0.058	5.943	0.000
服务种类与质量—>价格	−0.144	−0.116	0.055	2.607	0.009

三、制定价格策略

定价策略在市场营销活动中的地位十分重要。价格直接关系到产品能否成为消费者接受、市场占有率的高低、需求量的变化和利润的多少。定价策略在营销过程中与其他各因素存在着相互依存、相互制约的联系。价格的变动和在市场营销组合中采用不同的定价策略，有助于弥补市场营销组合中其他因素的缺陷。

1. 逆向定价法

逆向定价法指商家依据消费者能接受的价格，计算自己从事经营的成本和利润后，逆向推算出商品的价格。这种定价方法不以实际成本为主要依据，而是以市场需求为定价出发点，力求价格被消费者接受（见表8、表9、表10）。

表8　　选择一室一厅一厨一卫可以接受的价格

		次数（次）	百分比（%）	有效的百分比（%）	累积百分比（%）
有效	350元以内	70	46.7	46.7	46.7
	350—500元	30	20.0	20.0	66.7
	500—800元	31	20.7	20.7	87.3
	800—1200元	14	9.3	9.3	96.7
	1200元以上	4	2.7	2.7	99.3
	空	1	0.7	0.7	100.0
	总计	150	100.0	100.0	

本研究将采用加权平均法对不同户型的制定不同的价格。每组价格区间取中位数乘以它们所占的百分比。“350元以内”与“1200元以上”直接取350

和 1200。

即：350×46.7%+(350+500)/2×20%+(500+800)/2×20.7%+(800+1200)/2×9.3%+1200×2.7%=508.4。

表 9　　选择两室一厅一厨一卫可以接受的价格

		次数（次）	百分比（%）	有效的百分比（%）	累积百分比（%）
有效	500 元以内	104	69.3	69.3	69.3
	500～800 元	12	8.0	8.0	77.3
	800～1200 元	24	16.0	16.0	93.3
	1200～1500 元	7	4.7	4.7	98.0
	1500 元以上	2	1.3	1.3	99.3
	空	1	0.7	0.7	100.0
	总计	150	100.0	100.0	

即：500×69.3%+(500+800)/2×8%+(800+1200)/2×16%+(1200+1500)/2×4.7%+1500×1.3%=641.45。

表 10　　选择三室一厅一厨一卫接受的价格

		次数（次）	百分比（%）	有效的百分比（%）	累积百分比（%）
有效	800 元以内	128	85.3	85.3	85.3
	800～1200 元	4	2.7	2.7	88.0
	1200～1500 元	6	4.0	4.0	92.0
	1500～2000 元	7	4.7	4.7	96.7
	2000 元以上	3	2.0	2.0	98.7
	空	2	1.3	1.3	100.0
	总计	150	100.0	100.0	

即：800×85.3%+(800+1200)/2×2.7%+(1200+1500)/2×4%+(1500+2000)/2×4.7%+2000×2%=885.65。

经计算，按需求定价法一室一厅一厨一卫一天 508 元。两室一厅一厨一卫一天 641 元。三室一厅一厨一卫一天 886 元。

2. 折扣定价法

折扣定价法是通过降低一部分价格来争取顾客的定价策略。本研究采用数量折扣法，即按消费民宿天数的多少，分别给予不同的折扣。消费天数越多，折扣越大，以此鼓励游客多消费（见表 11、表 12、表 13）。

表 11 一周租九折

		次数（次）	百分比（%）	有效的百分比（%）	累积百分比（%）
有效	非常不合理	3	2.0	2.0	2.0
	不合理	24	16.0	16.0	18.0
	一般	61	40.7	40.7	58.7
	比较合理	48	32.0	32.0	90.7
	非常合理	14	9.3	9.3	100.0
	总计	150	100.0	100.0	

表 12 月租八折

		次数（次）	百分比（%）	有效的百分比（%）	累积百分比（%）
有效	非常不合理	3	2.0	2.0	2.0
	不合理	11	7.3	7.3	9.3
	一般	67	44.7	44.7	54.0
	比较合理	57	38.0	38.0	92.0
	非常合理	12	8.0	8.0	100.0
	总计	150	100.0	100.0	

表 13 年租六折

		次数（次）	百分比（%）	有效的百分比（%）	累积百分比（%）
有效	非常不合理	2	1.3	1.3	1.3
	不合理	10	6.7	6.7	8.0
	一般	46	30.7	30.7	38.7
	比较合理	71	47.3	47.3	86.0
	非常合理	21	14.0	14.0	100.0
	总计	150	100.0	100.0	

本文将“非常不合理”与“不合理”累计不超过占比的 20%视为折扣方案合理。所以周租、月租和年租 3 种折扣方案均合理。

3. 心理定价法

心理定价法是指商家在定价时，利用消费者心理，有意识地将产品价格定得高些或低些，以扩大销售。根据逆向导向法计算出来的价格，民宿主可把一室一厅一厨一卫户型定价为 518 元，将两室一厅一厨一卫定价为 666 元，将三室一厅一厨一卫定价为 888 元。采用尾数定价法，还能使消费者认为价格的制定经过了严密的成本核算，因而对民宿产生信任感。

四、结论与建议

根据上述研究，本文将得出以下具体结论并提出相关建议。

（一）结论

（1）消费者选择民宿动机的层次严重影响他们可以接受的价格。

（2）服务质量和水平在民宿业仍非常重要，“服务”对于消费者的民宿体验感影响仍非常大。

（3）在民宿消费者中，选择一室一厅和两室一厅的消费者占大多数。

（4）民宿消费者能接受的价格区间为500～900元。

（5）消费者愿意接受周租9折、月租8折、年租6折3种方案。

（二）建议

（1）民宿经营者应该针对不同的消费者细分市场，采取不同营销手段推出相应的产品和服务。学者尚佐方认为可将民宿旅游市场细分为康乐型、享乐型、商务型、规矩型、消极型和求知型。其中康乐型和商务型游客对民宿的要求更高，同时可以接受的价格也更高。民宿经营者应结合自身民宿条件，明确自己的目标市场，提供相应的产品和服务。

（2）民宿经营者需要根据市场变化进行专业技能的培训。提高民宿经营者的经营水平、服务意识和服务技能的同时，也应不断对民宿进行提升改进，挖掘本地元素融入民宿设计，推动乡村民宿行业向规范、有序、健康的方向发展。

（3）本节建议商家多提供一室一厅和两室一厅这两种户型来满足消费者需求，从而增加收入。根据我们的调查数据，人们更倾向于这两种户型。民宿主可以在房屋内放置折叠床、沙发床等，可容纳人数设置在一个弹性区间内，满足不同消费群体的差异化需求。

（4）在民宿价格的制定上，应采取更加灵活的价格策略。一方面客户的种类应根据消费者的需要，根据调研成果，主要房型的价位应在300～600元。本节虽然建议民宿经营者应多提供一室一厅和两室一厅这两种户型，但同时可以将设计套房、家庭房等高端住房覆盖800元以上价位，以满足不同消费者的需求。本文根据需求定价法，计算出高端民宿价格一室一厅一厨一卫一天508元、两室一厅一厨一卫一天641元、三室一厅一厨一卫一天886元，较为合适。再通过心理定价法，商家可把一室一厅一厨一卫户型定价为518元，将两室一厅一厨一卫定价为666元，将三室一厅一厨一卫定价为888元。本节仅是提出建议，民宿经营者还应考虑自身成本。

（5）本节研究得出，周租 9 折、月租 8 折、年租 6 折 3 种方案均合理。民宿经营者可以根据所能提供房间的数量和价格适当调整折扣方案。除了打折之外，民宿经营者还可以通过提供优惠券、积分卡或满减的方式来吸引消费者。例如消费满 500 元减 50 元、满 1000 元减 200 元等。民宿主也可以根据旅游淡旺季的特点，灵活调整折扣力度，淡季时提高折扣力度，旺季时价格无折扣，但是可以通过提高服务附加值等方式，提高民宿入住率。

五、研究不足与展望

本研究是针对北京城区居民对乡村高端民宿的价格感知研究，但由于受篇幅和自身学术研究水平等条件限制，此次研究还存在诸多不足，今后将从以下几个方面开展更加深入的研究。

（一）抽样调查样本数量不足

受制于现实条件，此次调查仅收集到了 150 份有效问卷，虽然能够满足结构方程模型的基本要求，但是样本的覆盖仍然有限。更多的样本数据分析更能够提高研究结果的客观性和准确性，有待收集更多、更广泛的样本数据对本次研究结论进行验证。

（二）调查对象范围覆盖不全面

本研究以北京城区居民为调查对象，但由于受到各方面条件的限制，研究只对北京城区部分工薪阶层居民进行了调研，接触不到高薪阶层居民。调研范围不够宽泛，这可能会对研究结论的普适性和精确性造成一定的影响。在今后的研究中，尝试扩大调研范围，扩大数据来源，探索不同收入的居民对乡村高端民宿的价格感知是否存在差异，同时也能验证结论的普适性。

本文参考文献

[1] 戴湘毅，张鑫．北京民宿的现状、问题和发展建议［J］．中国经贸导刊（中），2019（05）：100－103．

[2] 韦利坤．东北地区民宿业竞争力及发展策略研究［D］．东北师范大学，2019．

[3] 王轶楠．基于村落传统民居保护利用的民宿改造设计策略研究［D］．重庆大学，2017．

[4] 乐同心．乡村旅游背景下体验设计在乡宿中的应用研究［D］．浙江工业大学，2018．

［5］刘瑞．地方依恋视角下民宿游客感知价值与行为意向关系研究［D］．山东师范大学，2019.

［6］赖声伟．体验经济视角下的古城民宿发展策略研究——以江苏省扬州市为例［J］．中国国际财经（中英文），2017（24）：23－24.

［7］邹钖．情感体验下民宿乡土文化的表达研究［D］．江西农业大学，2017.

附　录

附录1　农民专业合作社助力低收入户增收调查问卷（农户卷）

问卷编号：

亲爱的农民朋友：

您好！我们是北京农学院经济管理学院2017级的学生，为了解农民合作经济组织的发展及其在农村助力低收入户增收方面所发挥的作用与功能，特进行此次调查。对于我们将要问到的问题，您的选择和回答没有对错之分，只需按照自己的实际情况回答即可。本次调查不记录您的真实姓名，我们所收集到的所有信息仅用于学术研究。衷心感谢您的配合！

2019年5月1日

一、填答指导：对于填空题，请您将符合您真实情况和想法的选项填在横线上；对于选择题，请直接在符合您真实情况和想法的选项序号上划“√”，若无特殊说明均为单项选择。

1. 调查时间：

2. 调查地点：

农户基本情况

3. 性别（　　）

A. 男　B. 女

年龄：____________

4. 是否是中共党员（　　）

A. 是　B. 否

5. 受教育程度（　　）

A. 初中及以下　B. 高中/高职高专　C. 大专　D. 本科及其以上

6. 是否担任过村干部（　　）

A. 是　B. 否

7. 您的家中一共有____________口人，其中子女____________个

8. 您的身体状况（　　）

A. 身体较为健康，有劳动能力

B. 有慢性疾病，需长期吃药，但有劳动能力

C. 身有残疾，但可承担较为轻省的工作

D. 患有重大疾病，需经常到医院进行检查、治疗

E. 因其他原因无法劳作

9. 主要从事的活动（　　）

A. 务农　B. 个体商业户　C. 本地打工　D. 外出务工　E. 其他________

10.（可多选）家庭收入主要来源为（　　）

A. 销售农产品　B. 外出务工　C. 本地就业　D. 低保收入　E. 子女赡养

D. 其他__________

2018 年家庭年总收入约为__________，净收入约为：__________

A. ≤1 万元　B. 1 万～2 万元　C. 2 万～3 万元　D. 3 万～4 万元

E. 4 万元以上

11.（可多选）目前家庭面临的主要压力有（　　）

A. 家庭总耕种土地面积较少

B. 不知如何利用闲置的土地及农宅

C. 农忙季节家庭劳动力不够

D. 农业种植技术缺乏

E. 农药、化肥等农资投入较大

F. 农业种植过程中风险较大

G. 农产品销售没有保障

H. 经济收入来源较少

I. 本地就业机会较少

J. 外出务工机会少、工资较低

K. 其他（请标注）__________________________

二、合作社助力农户增收的方式及作用

12. 您是否满意所在村庄的环境及基础设施建设（　　）

A. 是　B. 否

13. 您家中是否有闲置农宅（　　）

A. 是　B. 否

14.1 您家庭耕地的情况：

您家有______块地，总面积为______亩；您种植的主要作物为______，销售农产品的年收入约为____________元

14.2 您家是否有土地流转：A. 有　B. 无（直接回答第 15 题）

14.3 目前您家流转了______块地，流转总面积为______亩（其中自家土地______亩；租用土地面积______亩，租金为______元/亩）；流转耕地的年收入约为____________元

14.4（可多选）您流转土地的主要原因是（　　）

A. 家中耕地较为分散，自己种植限制多
B. 家中无人务农，土地无人耕种而闲置
C. 土地流转费用合理，比自己种植农作物收入高
D. 听了村集体对土地流转的宣传后决定流转
E. 以土地入股的方式加入了合作社
F. 其他（请标注）__________
15.1 您是否加入了合作社（　　）
A. 是　　　B. 否（直接回答第 24 题）
15.2 您是以何种方式加入合作社的（　　）
A. 土地流转　B. 资金入股　C. 政策帮扶　D. 其他（请标注）__________
15.3 您加入的合作社所在的地区（　　）
A. 本村内　B. 乡镇其他村庄　C. 所属区范围内　D. 其他（请标注）______
15.4 您家共有________口人加入了合作社
16 您在合作社中的身份（　　）
A. 普通社员　B. 技术人员　C. 管理人员　D. 其他
17.（可多选）您在哪些环节参与了合作社的工作（　　）
A. 日常管理工作　B. 提供技术服务　C. 农资的购买
D. 灌溉、施肥或收获等环节　E. 农产品的收获季节临时雇佣
F. 农产品的销售　G. 农产品的加工包装等环节
H. 提供技术培训　I. 其他（请标注）________________
18.（可多选）您加入的合作社为农户提供了以下哪些服务（　　）
A. 免费/低价提供优质种子种苗
B. 低价销售/统一购买化肥、农药等农资
C. 以较高价格收购/统一销售农产品（农产品价格保护）
D. 对农产品进行深加工或包装从而增加农产品的附加值
E. 年终分红
F. 种植技术服务
G. 其他（请标注）________________________
19.1（可多选）您参加过合作社哪种培训方式（　　）
A. 合作社人管理人员培训
B. 政府部门干部培训
C. 外地参观其他合作社
D. 公开广播或发放宣传资料
E. 其他合作社提供的培训
F. 其他（请标注）________________________

19.2 培训的内容包括（　　）

A. 关于合作社文化培训

B. 农业相关的基础知识普及

C. 与农作物种植、培育相关的技术培训

D. 电脑等科技培训

E. 与农产品销售相关的培训

F. 与管理相关的培训

G. 其他（请标注）________________________

19.3 您觉得合作社是否有必要进行培训（　　）

A. 有必要　B. 没必要

20.1 入社后，您的经济状况是否得到改善（　　）

A. 是　B. 否

20.2（可多选）您认为加入合作社自己得到了哪些好处（　　）

A. 农产品的销售价格得到了保障

B. 农产品的销售渠道在一定程度上有所拓宽

C. 有同一收购，不用担心农产品卖不出去

D. 为合作社提供服务可以拿到相应的报酬

E. 加入合作社后可以拿到年分红

F. 合作社提供技术服务，自己的农产品质量及产量有所提高

E. 其他（请标注）________________________

21.（可多选）合作社赋予了社员哪些权利（　　）

A. 社员投票选举权

B. 社员对合作社运营的监督权

C. 年终分红

D. 社员互帮互助权

E. 知情权（业务及资金利用情况等）

F. 其他________________________

22. 加入合作社后，您在农业方面是否得到合作社及其他成员的帮助（　　）

A. 经常互帮互助　B. 偶尔互帮互助　C. 从来没有

23. 您在合作社中的权益是否得到了保护（　　）

A. 是　B. 否

24.（可多选）您认为近年来合作社有哪些举措推动了村集体经济的发展（　　）

A. 积极搭建公共服务平台，建立网上交易平台，发展服务经济

B. 发展特色种养业，现代加工业，休闲乡村旅游业等优势产业

C. 发挥自身资源和区位优势，兴办物业实体，引进本村村民投资开发项目
D. 盘活自然资源、人脉资源、地缘资源等集体资产，通过招标等形式开发经营
E. 其他（请标注）____________________
25.（可多选）您认为成立合作社对本村有哪些支持与影响（　　）
A. 本村农业/旅游业有所发展
B. 集体经济水平得到提升
C. 确定了本村的主导农产品
D. 闲置资产得到了开发
E. 其他____________________
26.（可多选）您认为成立合作社需要受到哪些外部支持（　　）
A. 政府的支持　B. 农业企业的支持　C. 农业专家的支持
D. 科研机构的支持　E. 其他____________________
27. 您是否有加入合作社的意愿（　　）
A. 是　　　B. 否（直接回答 26 题）
28. 未加入合作社的原因（　　）
A. 没有合适的合作社　B. 加入合作社的门槛高
C. 感觉加入合作社对自己没有帮助　D. 不知道合作社
E. 其他____________________

三、合作社助力农户增收的满意度调查

29. 合作社助增收满意程度调查，请在您对应的满意度下画"√"

评价事项	很不满意	不满意	基本满意	较满意	十分满意
农产品销售价格保护					
农产品销售渠道及方式					
收益分配机制					
权益的实施与保障					
合作社带动增收的效果					
对本村经济建设的贡献					

四、建议

30. 您认为合作社如何带动农户进一步增收（　　）
A. 引进农业人才，带领合作社发展
B. 根据村庄实际情况，引进适合市场的新农作物
C. 进行培训，引导合作社向新型农业生产模式发展
D. 利用闲置农宅发展乡村旅游业
E. 其他____________________

附录 2　北京城市森林公园发展现状

——以大运河森林公园为例

您好！我是北京农学院经管学院的本科生。正在进行关于北京市森林公园现状调查研究的科研训练。感谢您抽出宝贵的时间来填写这份问卷。您所填写的内容仅限学术研究，我们对游客信息严格保密，您可根据实际情况放心填写。

1. 您的性别是（　　）

A. 男　B. 女

2. 您的年龄是（　　）

A. 22 岁及以下　B. 23～45 岁　C. 45～60 岁　D. 60 岁及以上

3. 您的学历是（　　）

A. 初中及以下　B. 高中或中专　C. 大专　D. 大学本科

E. 研究生及以上

4. 您平均每个月来森林公园的次数是（　　）

A. 4 次及以上　B. 2～3 次　C. 1 次　D. 少于每月 1 次

5. 您的居住地在（　　）

6. 您去过哪些城市森林公园？（　　）3 个以内即可

7. 您去森林公园选择的交通方式通常是（　　）

A. 步行　B. 骑行　C. 公交车或地铁　D. 自驾　E. 出租车　F. 其他

8. 您大概需要多长时间才能从家到森林公园（　　）

A. 半小时内　B. 半小时到一小时　C. 一小时到两小时　D. 两小时以上

9. 您来森林公园通常和（　　）一起

A. 家人　B. 朋友或同学　C. 配偶或男女朋友　D. 自己一人　E. 其他

10. 您来森林公园的目的是（　　）（多选）

A. 康体健身　B. 观赏景观　C. 调节情绪　D. 家庭旅行　E. 团体建设

F. 工作需要　G. 参加特色活动　H. 风景拍摄

11. 您选择森林公园的原因有（　　）（多选）

A. 距离居住地近　B. 亲戚朋友推荐　C. 电视手机等网络推荐　D. 户外广告

E. 其他

12. 您认为目前森林公园的问题有哪些（　　）（多选）

A. 生态设施落后　B. 景观设置不合理　C. 基础设施建设不到位

D. 缺乏科学管理　E. 综合服务水平不高　F. 其他

13. 您认为目前森林公园需要改进的方面有（　　）（多选）

A. 景观设置　B. 交通条件　C. 旅游安全　D. 卫生状况　E. 餐饮服务

F. 景区服务人员素质　G. 游览路线安排　H. 休息区设置

注：满意度代表该项对您感觉上满意的程度，从5到1表示程度从高到低依次为：非常满意、满意、一般、不满意、非常不满意。

项目	满意度
	1～5分
您对大运河森林公园整体现状的	
一、您对公园整体景观现状的	
1. 公园森林覆盖率的	
2. 公园运河水质的	
3. 公园人文景观建设的	
4. 公园生物多样性的	
二、您对公园基础设施建设现状的	
1. 公园公共卫生间设置间隔的	
2. 公园休息区的设置间隔的	
3. 公园垃圾桶的设置间隔的	
4. 公园外部公共交通便利程度的	
三、您对公园娱乐设施现状的	
1. 公园娱乐场所收费情况的	
2. 公园娱乐设施安全系数的	
3. 公园娱乐设施种类的	
4. 公园娱乐设施维护保养情况的	
四、您对公园综合服务水平现状的	
1. 公园游客人身安全保障的	
2. 公园内基础设施保护程度的	
3. 维护公园游览规章制度的	
4. 公园游客服务中心的	
5. 公园社会活动接待能力的	

最后，请您为大运河森林公园的发展提供一个改进措施。

附录3　水果新零售消费者购买满意度的调查

您好，我们是北京农学院的学生，我们正在进行一项关于北京市内水果新零售消费者购买满意度的调查，想要邀请您用几分钟时间帮忙填写一下这份问卷，本问卷实行匿名制，所有数据只用于统计分析，请您放心填写。题目选项无对错之分，在对应方格前打“√”即可，请您按照实际情况填写。

基本信息：

1. 您的性别是

□男　　□女

2. 您的年龄是

□18岁以下　　□18～35岁　　□35～50岁　　□50岁以上

3. 您的职业是：

□专业人士（如教师/医生/律师等）□服务人员（餐饮服务员/司机/售货员）

□事业单位/公务员/政府工作人员　　□职员　　□学生

□自由职业（如作家/艺术家/摄影师/导游等）

□工人（如工厂工人/建筑工人/城市环卫工人等）　　□其他

4. 您的月收入；

□4000元以下　□4000～7000元　□7000～10000元　□10000元以上

问卷正文：

1. 您认为以下哪个属于新零售（多选）

□盒马鲜生　　□大众点评　　□京东到家　　□饿了么外卖

2. 对于这种线上线下结合的新零售购物方式您有什么看法（单选）

□挺好的，符合潮流　　　　□能节省时间很方便

□增加了顾客的购买体验度　　□没什么看法

3. 您购买生鲜水果最经常采用哪种渠道（单选）

□农产品市场　　□超市　　□网上商店　　□路边流动商贩

4. 您购买水果的频率是（以月为单位）（单选）

□1～2次　　□3～6次　　□7～10次　　□10次以上

5. 您每月在盒马先生和7FRESH上购买过水果的次数（单选）

□1～2次　　□3～6次　　□7～10次　　□10次以上

6. 您通常每个月在盒马鲜生因购买水果的消费金额（单选）

□300 元及以下　□300～600 元　□600～1000 元　□1000 元以上

7. 您在线上购买水果可以接受的配送时间范围（单选）

□30 分钟以下　□1 小时以下　□2 小时以下　□其他

8. 您在购买水果的时候最看中什么（单选）

□新鲜程度　□价格　□服务　□包装

9. 您认为水果新零售目前最大的不足是（单选）

□价格偏高　□缺斤少两　□种类偏少　□不够新鲜

10. 您在消费平台的选择中更看重的是（最多三项）

□方便快捷　□模式新颖　□种类丰富　□价格优廉

□口碑评价　□产品质量　□配送时间　□售后服务

□支付方式多样　□商品信息全面　□购物场景个性化

□其他（请具体说明）

11. 您最喜欢的支付方式是（单选）

□现金　□银行卡、信用卡　□支付宝、微信等网上支付

□花呗等网上借贷支付

12. 您选择盒马鲜生和 7FRESH 购买水果的主要原因是（最多三项）

□价格实惠　□产品新鲜　□商品质量有保证　□商品种类齐全

□品牌知名度高　□离家近　□交通便利　□其他——

13. 您因为什么原因对盒马鲜生有抱怨/投诉呢（最多三项）

□价格太高　□商品种类太少　□商品不够新鲜　□服务不好

□商品质量不好　□配送不及时　□其他　□支付方式

□无

14. 您认为目前的新零售生鲜超市哪些地方继续改进呢（最多三项）

□降低商品价格　□增加商品种类　□提升结账速度　□改善服务态度

□提高服务水平　□改善购物环境　□改善商品陈列布局　□改进便利设施

□提高对抱怨/投诉的处理能力和速度，完善售后机制

□其他——

15. 您对盒马鲜生提供的产品质量的满意度（1 为非常不满意，2 为不满意，3 为一般，4 为满意，5 为非常满意，后面的题目也是如此）：

选项 1 ★★★★★5

16. 您对盒马鲜生提供的产品种类的满意度为：

选项 1 ★★★★★5

17. 您认为盒马鲜生所提供的商品和服务与价格水平相比较，是否物有所值？

选项 1 ★★★★★5

18. 与其他生鲜超市相比，您对盒马鲜生的价格水平是否满意？

选项 1 ★ ★ ★ ★ ★5

19. 您对于商品的售后服务是否更满意或更信任线下实体店？

选项 1 ★ ★ ★ ★ ★5

20. 请问您对新零售店铺的投诉处理情况的满意度？

选项 1 ★ ★ ★ ★ ★5

21. 您对盒马鲜生总体形象的满意度？

选项 1 ★ ★ ★ ★ ★5

22. 您是否赞同线上线下互通的新型零售模式更适合未来的消费需求？

选项 1 ★ ★ ★ ★ ★5

谢谢您的配合，非常感谢您的参与！

附录 4　关于三元牛奶的品牌竞争力调查问卷

您好！我们是在校大学生，想通过此次问卷了解大家对于三元牛奶的熟知程度和消费习惯。非常感谢您的参与，此次调查结果仅用于学术数据分析研究使用，请放心填写。谢谢您的合作！

1. 您的性别（　　）

A. 男　　B. 女

2. 您属于哪个年龄阶段（　　）

A. 18 岁以下　B. 19～25 岁　C. 26～30 岁　D. 31～40 岁　E. 41 岁以上

3. 您喝酸奶的频率（　　）

A. 每天　B. 经常　C. 偶尔　D. 从不　E. 其他

4. 您如何看待市场上销售的酸奶价格（　　）

A. 比较高　B. 适中　C. 较低　D. 很低　E. 很高

5. 您每个月为购买牛奶所花费的金额是（　　）

A. 1～100 元　B. 101～200 元　C. 201～300 元　D. 300 元以上

E. 不是每月都买

6. 您日常对牛奶的需求（　　）

A. 一日一次　B. 一日两次　C. 一日三次　D. 一日三次以上

E. 不固定，想起就喝

7. 您通常会购买什么品牌的牛奶（　　）

A. 伊利　B. 蒙牛　C. 光明　D. 三元　E. 科迪　F. 完达山　G. 君乐宝

8. 您选择这些品牌的原因（　　）

A. 价格　B. 营养成分　C. 口味　D. 包装　E. 明星代言　F. 其他

9. 您在购买牛奶时（　　）

A. 总是认准一种品牌，几乎不会买其他品牌

B. 没有特别偏好的品牌，经常换品牌

C. 心里有一个特别钟情的品牌，但也会买其他品牌

10. 假如您一直购买一种品牌，是什么原因能使您去购买其他品牌（　　）

A. 价格更便宜　B. 包装更抓人眼球　C. 他人大力推荐

D. 除非原来的品牌出现质量问题，否则不会更换

11. 通过哪些渠道发布促销活动会引起您的注意（　　）

A. 电视 B. 报刊 C. 网络 D. 户外广告 E. 现场促销

12. 您觉得在选购牛奶时哪一因素能够增加您的购买欲望（ ）

A. 口味的多种选择 B. 降低价格 C. 营养配方的升级 D. 包装的更换

E. 优惠活动 F. 更换代言人 G. 加强广告宣传

13. 在购买酸奶时是否会受到促销活动的影响（ ）

A. 是 B. 否

14. 您能接受的牛奶促销方式是（ ）

A. 免费品尝 B. 购买时附赠 C. 礼品促销 D. 抽奖活动 E. 其他

15. 促销活动是否会影响购买量（ ）

A. 是 B. 否

16. 除了补充营养外，您还希望牛奶可以具有什么样的性能（ ）

A. 美容养颜 B. 增强免疫力和抵抗力 C. 降低血压血脂 D. 瘦体纤身

E. 促进营养物质的吸收 F. 其他

17. 您比较喜欢何种促销方式（ ）

A. 直接降价 B. 搭配销售 C. 附赠礼品 D. 定额赠送

附录5　消费者到昌平区草莓园的采摘情况调查表

您好！我是一名在校生，想和您了解一些您在昌平区域草莓采摘消费方面的情况。您的帮助将有利于我们提高调研能力，并顺利完成调研任务。本调查用于完成小科研任务，我们对您提供的信息保证严格保密。感谢您的帮助！

说明：(1) 请将选项题号填在（　　）上或在相应选项前划“√”

(2) A. 不调查没有在昌平采摘经历的成员；　B. 不调查无收入者；

C. 不调查在校读书的（无收入的）大中小学生（除非他们能够代表亲朋，说清楚一起采摘的交通及消费情况）

A1. 过滤筛选题：您最近 2 年是否到昌平区域采摘过草莓？

①没采摘过（结束访问，问卷另用）

②采摘过：A 最近两年（2017 年 11 月—2018 年 5 月，2018 年 11 月—2019 年 5 月，）共采摘过（　　）次；

B. 如果您采摘超过 2 次，那么去同一个采摘园采摘（　　）次；

C. 如果您采摘超过 2 次，您去的采摘园的类型是（　　）（可多选）

①不超过 3 个草莓棚的普通小户　②草莓棚≥6 个的大中户/合作社/公司。

A2. 您常住地点在（　　）省（　　）市（　　）区（县）（乡镇，城区消费者不用问乡镇）

A3. 您近两年采摘草莓的行程特点是（　　）

①专程为采摘草莓而去　②游玩时，顺便路过而采摘草莓

A4. 您采摘的出游方式是（　　）

①自驾车　②坐公交车　③打出租车　④组团包车　⑤骑自行车或电动车　⑥坐专线旅游车　⑦坐单位车　⑧搭亲朋自驾车　⑨其他（写出）

A5. 您从出发地到最满意（或重复去过的）草莓观光采摘园行程中（这个题是重点，一定要问清楚）：单程路程大约有（　　）公里，单程路上平均花费时间（　　）分钟；在采摘草莓园停留时间是（　　）小时。若是坐公交车，单程交通费是（　　）元/人。若是坐旅行社的车，单程车费是（　　）元/人。若您乘自驾车，车内坐（　　）人，单程油费及过路费共（　　）元；若打出租车，单程车费（　　）元

A6. 您（全家）印象最深的一次采摘，时间大约是（　　）年（　　）月，采摘相关花费情况是（　　）

①采摘草莓共（　　）斤，采摘价格（　　）元/斤　②全家在外餐饮约（　　）元　③购买草莓加工品约（　　）元　④采摘园附近住宿约（　　）元　⑤采摘园门票约（　　）元/人　⑥其他约（　　）元

A7. 除了采摘，您平时买草莓的最主要包括下列哪些（填代码）：每次大约买草莓（　　）斤

①综合超市（如物美等）　②商场内超市　③农贸市场　④社区便利店　⑤街上的果蔬门店　⑥网上购买　⑦产地附近流动销售点　⑧批发市场　⑨其他

A8. 您选择采摘草莓时，最先考虑下列成员中谁的需求意愿（　　）

①孩子　②配偶　③长辈老人　④自己　⑤亲戚　⑥非同事关系的朋友　⑦同事　⑧其他

A9. 与您同行采摘草莓的成员中，和您的关系包括（　　）。与您同行的人数是（　　）人

①家中7岁以下学龄前儿童　②在校读书的学生　③配偶　④家庭长辈　⑤亲朋好友　⑥单位同事　⑦旅游团成员　⑧单位之外有工作关系的人员　⑨其他

A8. 您出游前或出游中，主要通过以下哪些渠道了解到采摘的草莓园信息的（　　）

①网络　②微信朋友圈促销信息　③亲友或同事推荐　④室外广告牌或标识物　⑤宣传印刷品　⑥外出顺路碰到草莓园　⑦报纸/杂志或旅游指南书籍/手册　⑧政府部门/企业或合作联盟组织的宣传推介等活动　⑨短信促销信息　⑩电视或广播　⑪旅行社提供的信息　⑫路边商贩推荐　⑬其他

评价题B：请您对昌平草莓采摘园整体主要功能，给予满意度或重要性评价（分值越高，评价越好）

B1. 草莓园周边景观

5＝很满意　4＝较满意　3＝说不清　2＝不满意　1＝很不满意

B2. 草莓园服务质量

5＝很满意　4＝较满意　3＝说不清　2＝不满意　1＝很不满意

B3. 与草莓采摘活动的丰富性

5＝很满意　4＝较满意　3＝说不清　2＝不满意　1＝很不满意

B4. 草莓园自身特色

5＝很满意　4＝较满意　3＝说不清　2＝不满意　1＝很不满意

B5. 草莓品种丰富性

5＝很满意　4＝较满意　3＝说不清　2＝不满意　1＝很不满意

B6. 草莓口感的满意度

5＝很满意　4＝较满意　3＝说不清　2＝不满意　1＝很不满意

B7. 交通便利性

5＝很满意　4＝较满意　3＝说不清　2＝不满意　1＝很不满意

B8. 采摘园周边区域的餐饮住宿条件

5＝很满意　4＝较满意　3＝说不清　2＝不满意　1＝很不满意

B9. 旅游、观光、休闲和体验功能的重要性

5＝非常重要　4＝重要　3＝一般　2＝不重要　1＝很不重要

B10. 农业文化传承及美学功能

5＝非常重要　4＝重要　3＝一般　2＝不重要　1＝很不重要

B11. 提供农民的就业和收入功能

5＝非常重要　4＝重要　3＝一般　2＝不重要　1＝很不重要

B12. 提供多样性的鲜活农产品功能

5＝非常重要　4＝重要　3＝一般　2＝不重要　1＝很不重要

B13. 农用化学品（农药、化肥、农膜等）使用污染环境

5＝非常重要　4＝重要　3＝一般　2＝不重要　1＝很不重要

B14. 草莓残秧处理不当造成污染环境

5＝非常重要　4＝重要　3＝一般　2＝不重要　1＝很不重要

B15. 消耗水资源

5＝非常重要　4＝重要　3＝一般　2＝不重要　1＝很不重要

被调查者背景资料（以下是不记名访问，您不必顾虑，谢谢!）（请在选项打“√”）

D1. 性别（①男　②女）。

D2. 您年龄段：①18～23 岁　②24～34 岁　③35～44 岁　④45～54 岁　⑤55～64 岁　⑥65～74 岁　⑦75～84 岁　⑧≥85 岁

D3. 文化程度：①初中及以下　②高中/中专或职高/技校　③大专　④本科　⑤研究生及以上

D4. 您的职业是：①党和国家机关、群众团体和社会组织、企事业单位负责人　②专业技术人员　③办事人员和有关人员　④社会生产服务和生活服务人员　⑤农林牧渔业生产及辅助人员　⑥生产制造及有关人员　⑦军人　⑧其他

D5. 家庭人口（　　）人。其中：①学龄前儿童（　　）人；②小学生（　　）人；③中学生（　　）人；④在读大学或研究生（　　）人；⑤离退休长辈（　　）人；⑥正在工作的（　　）人

D6. 与您一起生活的家庭成员每年的总收入范围是（所有收入都包括在内）：

①≤1 万元　②1.1 万～5 万元　③5.1 万～10 万元　④10.1 万～20 万元　⑤20.1万～30 万元　⑥30.1 万～40 万元　⑦40.0 万～50 万元　⑧50.1 万元以上

调查所获补充信息说明，或调查体会（以下信息请调查员填写）：

调查日期：2019 年　月　日
调查地点：北京市　　区　　一带
调查员姓名（签名）
学号
手机号

附录6　北京市城区社区管理机制调查问卷

自进入21世纪以来，北京市城市居民在企业改制、城市人口数量的增加等新情况下逐渐脱离了原有的单位制束缚，开始在不同的社会组织形式下寻求新的生活方式。目前北京市城区管理基础薄弱的特点依旧较为显著，而搞好社区管理，有利于通过社区规范来调解和整和社区中的矛盾冲突和利益纠葛，有利于维护社会稳定，促进社区发展，有利于社会主义改革的深入推进。只有充分了解当前北京市城区管理现状，才能更好地发现北京市社区管理机制中存在的问题，进而提出更好的解决措施。

社区名称：　　　　　　　调查时间：　　　　　　　调查员：

您可在符合条件的选择上打“√”，请您根据实际情况填写，谢谢您的配合。

1. 您对街道办事处与社区居委会之间的关系是否清楚？

A. 清楚

B. 不清楚

2. 您是否知道所在社区居委会的职责范围？

A. 知道

B. 知道一部分

C. 不知道

3. 您是否清楚本社区的管理制度？

A. 清楚

B. 听说过，但不了解

C. 没听说过

4. 您对社区管理人员所依据的法律法规是否清楚？

A. 清楚

B. 不清楚

5. 您所在的社区是否公示过社区管理制度以及社区管理的法律法规？

A. 公示过

B. 没公示过

C. 不知道，没关注过

6. 您一般通过哪些渠道了解社区情况？
A. 社区宣传栏
B. 社区举行活动
C. 居民之间交谈
D. 有关文件
E. 其他________________（请注明）
7. 您认为您所了解的社区情况是否全面？
A. 全面
B. 不全面，但对自己而言已经足够了
C. 不全面
8. 您是否经常对社区发生的事情向社区管理机构反映自己的意见？
A. 经常
B. 偶尔
C. 只有与自己有关时才去反映意见
D. 从没有过
9. 您向社区反映意见的主要渠道是？
A. 向有关主管职能部门提出诉求
B. 热线电话
C. 网上反映
D. 意见箱
E. 直接与社区管理者交谈
F. 没参与过
10. 您认为您所在社区的社区管理人员是否专业？
A. 是
B. 否
C. 不清楚
11. 您认为社区管理需要什么学历层次的管理人才？
A. 无须学历
B. 高中以下即可
C. 大学本科（无学科限制）
D. 本科及以上学历（需为相关专业）
12. 您所在的社区有社区活动吗？
A. 有且形式多样
B. 有但形式单一
C. 很少有

D. 从来没有
13. 您参与过下列哪些社区举办过的活动？
A. 节日庆祝活动
B. 文艺表演
C. 茶话会
D. 亲子活动
E. 各类比赛
F. 其他________________（请注明）
G. 从未参加过
14. 对于现有的社区活动，您的总体感觉是？
A. 重物质环境改造，轻精神文明建设
B. 重形式，轻实质
C. 物质文明建设与精神文明建设并重
D. 物质文明有待加强，精神文明亦需改进
15. 您对所在社区的服务满意度是？
A. 非常满意
B. 满意
C. 不满意
D. 非常不满意
16. 您认为目前社区提供的各类服务中，还缺少哪一类？
A. 常规生活服务
B. 健康医疗服务
C. 就业培训、指导
D. 老人及弱势群体的服务
E. 健身场所及设施
F. 青少年托管
G. 家庭暴力预防与干预
H. 其他________________（请注明）
17. 您的性别是？
A. 男
B. 女
18. 您的年龄是？
A. 18 岁以下
B. 18～21 岁
C. 22～35 岁

D. 36～55 岁

E. 55 岁以上

19. 您（管理人员）的受教育水平为?

A. 小学

B. 初中

C. 高中

D. 中专

E. 大专

F. 本科

G. 研究生及以上

20. 您（管理人员）是否为相关管理专业

A. 是

B. 否